我的哲学之师叔本华

［德］弗里德里希·威廉·尼采 著

周国平 译

云南人民出版社

果麦文化　出品

总序　今天，我们为什么要读尼采

在西方哲学家里，尼采是一个另类。在通常情况下，另类是不被人们接受的，事实上尼采也不被他的同时代人接受，生前只有一点小名气。但是，在他死后，西方文化界和哲学界越来越认识到他的伟大，他成了20世纪最走红的哲学家。我本人对尼采也情有独钟，觉得他这个人，从个性到思想到文字，都别具魅力，对我既有冲击力，又能引起深深的共鸣。

32年前，我第一次开尼采讲座，地点是北京大学办公楼礼堂，那次的经历终生难忘。近千个座位坐得满满的，我刚开始讲，突然停电了，讲台上点燃了一支蜡烛，讲台下一片漆黑，一片肃静，我觉得自己像是在布道。刚讲完，电修好了，突然灯火通明，全场一片欢呼。

那是1986年，也是在那一年，我出版了第一本专著《尼采：在世纪的转折点上》，一年内卖出了10万册，以及第一本译著《悲剧的诞生——尼采美学文选》，一年内卖出了15万册。那时候还没有营销、炒作之类的做法，出版社很谨慎地一点点印，卖完了再加印，这个数字算是很惊人的了。20世纪80年代，中国笼罩着一种氛围，我把它叫作精神浪漫，尼米、弗洛伊德、萨特都是激动人心的名字，谈论他们成了一种时尚。你和女朋友约会，手里没有拿着一本尼采，女朋友会嫌你没文化。

30多年过去了，时代场景发生了巨大的变化。如果说我这一代学人已经从中青年步入了老年，那么，和人相比，时代好像老得更快。当年以思潮为时尚的精神浪漫，已经被以财富为时尚的物质浪漫取代，最有诗意的东西是金钱，绝对轮不上哲学。对于今天的青年来说，那个年代已经成为一个遥远的传说。

不过，我相信，无论在什么时代，青年都是天然的理想主义者，内心都燃烧着精神浪漫的渴望。我今天建议你们读尼采，是怀着一个70岁的青年的心愿，希望你们不做20岁、30岁、40岁的老人。尼采是属于青年人的，我说的青年，不只是指年龄，更是指品格。青年的特点，一是强健的生命，二是高贵的灵魂，尼采是这样的人，我祝愿你们也成为这样的人。

周国平
写于2019年2月
再刊于2024年6月

本书说明

本书是尼采所写系列论文《不合时宜的考察》(共四篇)的第三篇,原题《作为教育家的叔本华》,写于1874年,同年出版单行本。译者于1997年译出,现在做校订后付梓出版。原著各节只有序号,标题和内容提要为译者所加,以便读者能够清晰地把握原著的脉络。"译者导言"是译者对原著基本思想的阐释,供读者参考。

哲学家不仅是一个大思想家,而且也是一个真实的人;而一个真实的人何尝脱胎于一个学者呢?

——尼采

目 录

译者导言：哲学·人生·时代　　1

 一、一个青年哲学家的自勉　　3
 二、成为你自己　　9
 三、站在生命之画面前　　17
 四、哲学家首先是真实的人　　21
 五、在自己身上战胜时代　　26
 六、取消国家对哲学的庇护　　33

我的哲学之师叔本华　　43

 一、成为你自己　　45
 二、回归简单和诚实　　51
 三、叔本华的范例　　61
 四、负着人的形象上升　　75

五、自然为何要产生哲学家　　　　　　89
六、现代文化与自然的目标背道而驰　　98
七、我们对哲学家承担什么责任　　　　118
八、把哲学从学院里驱逐出去　　　　　126

重要语词译表　　　　　　　　　　　145

译者导言：
哲学·人生·时代

一、一个青年哲学家的自勉

《作为教育家的叔本华》发表于 1874 年 10 月。尼采原计划写一系列反思现代文化的论文，放在《不合时宜的考察》这个总题目之下，仅仅完成了四篇，本书是第三篇。标题中的"教育家"，是从根本的含义上说的，指的是传道解惑之人，即人生的教导者、人生导师。在尼采的青年时代，叔本华就起了这样的作用。

尼采是在二十一岁时读到叔本华的主要著作《作为意志和表象的世界》的，那时他上大学二年级，在莱比锡一家旧书店里发现了这本书。叔本华去世刚五年，看来名气还不大，这个思想活跃的大学生在此之前竟不知道这部经典之作的存在。他从来慎于买书，这次却鬼使神差似的立即买下了。拿回去一读，如同中了蛊一样，连续许多天陷入神经质的亢奋，内心受到前所未有的震撼。尼采生性敏感忧郁，叔本华的悲观哲学是如此契合他的心情，后来他说这本书当时给他的最强烈印象是："在这本书里，每一行字都在呼喊放弃、否定、听天由命，在这本书里，我看到了一面镜子，其中无与伦比地映现了世界、人生和我自己的心境。"[1]

当然，对于尼采来说，如果只是在悲观哲学上共鸣，结识叔本华就没有多大意义。真正的意义在哪里？在本书中，尼采从一个不同的角度回顾了当时的感受：

> 当我幻想自己能找到一个真正的哲学家做老师时，我简直是异想天开，我想象他能够使我超越时代的不足，教我在思想上和生活中回归简单和诚实，也就是不合时宜……
>
> 正是在这样的困苦、需要和渴求中，我结识了叔本华。
>
> 我属于叔本华的那样一些读者之列，他们一旦读了他的第一页书，就确知自己会读完整本书，倾听他说的每一句话。我一下子就信任了他，现在这信任仍像九年前一样坚定。我之理解他就像他是为我写的一样……[2]

在这里，尼采对叔本华给予他的影响持非常积极的评价，明确承认叔本华是他终于找到的哲学家导师。事实上，尼采走上真诚探究人生意义的哲学之路，叔本华的确是引路人。

---

[1] 转引自 Ivo Frenzel, *Nietzsche*. Humburg, 1983（伊沃·弗伦策尔：《尼采》，汉堡，1983年），第28页。

[2] 《作为教育家的叔本华》第2节，本书第55—56页。

青年尼采最爱两个人：叔本华和瓦格纳。可是，这两个人后来成了他一辈子的冤家，被他当作批判时代弊病的靶子骂了一辈子。他骂叔本华，恰恰集中于当年使他受到巨大震撼的悲观哲学，斥之为颓废和虚无主义。当他后来再谈及当年所受的那种震撼时，用的便是一个受害者的口气了。

在《查拉图斯特拉如是说》中，有一支《坟墓之歌》，其中写道：

> 青春的梦想和美景，爱的闪光，神圣的瞬间，对幸福的眺望，都过早地消逝了；我的仇敌蛊惑了我最宠爱的歌人，使他奏一曲最可怕的哀歌，用这哀歌刺杀了我的欢乐；可是，我的最高希望尚未实现，甚至尚未说出，我对此如何能忍受，我如何治愈这样的创伤；是的，我心中有一种不可摧毁的力，那就是我的意志。[1]

尼采所说的最宠爱的歌人显然指叔本华，他控诉叔本华的悲观哲学刺杀了他的青春的梦想和快乐，而他一辈子都在

---

[1] 参看 Friedrich Nietzsche, Sämtliche Werke, Kritische Studienausgabe. Herausgegeben von Giorgio Colli und Mazzino Montinari, Deutscher Taschenbuch Verlage, München 1999（《校勘研究版尼采全集》，G. 科利、M. 蒙梯纳里编，德国袖珍图书出版社，慕尼黑，1999年），第4卷，第142—145页。以下引该全集缩写为 KSA。

用他的意志克服这创伤。

在精神病发作前夕，尼采又一次谈到1865年初读叔本华的经历，埋怨其结果是使他十分严厉地否定了自己的"生命意志"，他还把叔本华哲学譬作很差的食物，导致他"营养不良，胃口败坏"。[1]

叔本华的悲观哲学把尼采领进了哲学之门，但尼采没有停留于此，他不甘心悲观，努力要寻找一条思路，在承认人生本无意义这个悲观主义的前提之下仍能肯定人生，给人生创造一种意义。正是沿着这条思路，他建立了有别于叔本华的他自己的哲学。他自己对此有清醒的认识，在晚期的一条札记中写道："我的预备人：叔本华。在何种程度上我深化了悲观主义，并且通过发明其最高对立面才使之完全适合于我的感情。"[2] 其实，这个努力在本书写作之前就开始了，他在《悲剧的诞生》中倡立酒神哲学和悲剧哲学，在《希腊悲剧时代的哲学》中推崇赫拉克利特的生成哲学，都是以战胜悲观主义为鹄的的。

让我们回到本书。写作本书时，尼采三十岁，哲学活动刚开始，但已阻碍重重，此前正式出版的三本书，无论《悲剧的诞生》，还是《不合时宜的考察》的前两篇《告白者和作家大卫·施特劳斯》及《历史对于生命的利弊》，遭遇的都是

---

[1] 《看哪这人》：《我为何如此聪明》1。KSA，第6卷，第279页。
[2] 《权力意志》463。Friedrich Nietzsche, *Der Wille zur Macht*. Tübingen 1952（弗里德里希·尼采：《权力意志》，图宾根，1952年）。

学术界的愤怒和沉默。当此之时，他需要寻找一个榜样来勉励自己，坚定走所选定的哲学之路的信心，他把目光投向了遭遇过相似命运的叔本华。在本书中，他把叔本华当作范例，阐述了他对哲学与人生、时代的关系的思考。在尼采的著作中，唯有本书是系统论述这个主题的，而且文章写得极好，既充满青年的激情，又贯穿成熟的思考，行文流畅，即使到了今天，仍应该是每一个关心生命意义的青年——以及心灵依然年轻的非青年——的必读书。当然，今天的哲学家也不妨一读，如果它使你们感到了惭愧，那也是不错的结果。

本书以叔本华为范例，但实际上更多的是尼采的自勉。在《看哪这人》中，尼采告诉我们，他在该书中不过是像柏拉图利用苏格拉底一样，利用了叔本华作为表达思想的工具。他强调："写入该书的是我的最内在的经历，我的生成。尤其是我的誓愿！"其中"每一个字都源自深刻的、内在的体验；其中不乏最痛苦的体验，有一些字甚至是用血写的"。最后他干脆说："不妨认为，在这里说话的根本不是'作为教育家的叔本华'，而是其对立面即'作为教育家的尼采'。"[1] 难道他否认叔本华曾是他的哲学家导师了？叔本华对于他的哲学志业的形成完全不起作用？对此不应该有非此即彼的判断。有一点是清楚的：在叔本华的著作里，你找不到对于哲学与人生的如此热情、饱满、有力的论述。一切有效的阅读不只是接受，更是自我发现，是阅读者既有的内在经历的被唤醒和继

---

[1] 参看《看哪这人》:《不合时宜的考察》3。KSA，第6卷，第320页。

续生长。尼采对叔本华的阅读无疑更会是如此。从本书的内容看，谈得多的还真不是叔本华的教诲，而是哲学家以及有理想青年的自我教育。所以，我们或许可以同意，本书的确切标题应该是《作为自我教育的哲学家的尼采》。说到底，一切有效的教育也都是自我教育，唯有当你的灵魂足以成为你自己的导师之时，你才是真正走在你自己的路上了。

好吧，现在让我们怀着同样的信念来阅读尼采的这本书。

二、成为你自己

每个人的自我都是独一无二、不可重复的,每个人都理应在唯一的一次人生中实现这个自我的价值。谈论人生的意义,这应该是一个基本出发点。尼采也作如是观。他强调天才在文化创造上的决定作用,那是另一个问题,与此完全不矛盾的是,他同时也确认,人与人之间在自我的唯一性、独特性价值上是平等的。在本书中,他一再指出:"每个人都是一个一次性的奇迹","每个人……只要这样严格地贯彻他的唯一性,他就是美而可观的,就像大自然的每个作品一样新奇而令人难以置信,绝对不会使人厌倦"。[1] "每个人在自身中都载负着一种具有创造力的独特性,以作为他的生存的核心。"[2] 因此,珍惜这个独特的自我,把它实现出来,是每个人的人生使命。

可是,我们看到的现实是,人们都在逃避自我,宁愿躲藏在习俗和舆论背后。尼采就从分析这个现象入手,他问道:

---

[1] 《作为教育家的叔本华》第1节,本书第46页。
[2] 《作为教育家的叔本华》第3节,本书第70页。

"其实每个人心里都明白,作为一个独一无二的事物,他在世上只存在一次,不会再有第二次这样的巧合,能把如此极其纷繁的许多元素又凑到一起,组合成一个像他现在所是的个体。他明白这一点,可是他把它像亏心事一样地隐瞒着——为什么呢?"原因之一:"因为惧怕邻人,邻人要维护习俗,用习俗包裹自己。"这是怯懦,怕舆论。"然而,是什么东西迫使一个人惧怕邻人,随大流地思考和行动,而不是快快乐乐地做他自己呢?"原因之二:因为懒惰,贪图安逸,怕承担起对自己人生的责任。"人们的懒惰甚于怯懦,他们恰恰最惧怕绝对的真诚和坦白可能加于他们的负担。"[1] 二者之中,懒惰是更初始的原因,正是大多数人的懒惰造成了普遍的平庸,使得少数特立独行之人生活在人言可畏的环境中,而这便似乎使怯懦有了理由。

世上有非凡之人,也有平庸之辈,这个区别的形成即使有天赋的因素,仍不可推卸后天的责任。一个人不论天赋高低,只要能够意识到自我的独特性并勇于承担起对它的责任,就都可以活得不平庸。然而,这个责任是极其沉重的,自我的独特性上"系着一副劳苦和重任的锁链",戴上这副锁链,"生命就丧失了一个人在年轻时对它梦想的几乎一切,包括快乐、安全、轻松、名声,等等;孤独的命运便是周围人们给他的赠礼"。[2] 所以,大多数人避之唯恐不及,宁可随大流、混

---

[1] 《作为教育家的叔本华》第1节,本书第46页。
[2] 《作为教育家的叔本华》第3节,本书第70页。

日子，于是成为平庸之辈。

非凡之人为什么甘愿戴这副锁链呢？仅仅因为天赋高就愿意了吗？当然不是。尼采说："伟人像所有小人物一样清楚，如果他循规蹈矩，得过且过，并且与周围的人和睦相处，他就能够生活得多么轻松，供他舒展身子的床铺会有多么柔软。"既然如此，他为什么偏要折磨自己呢？尼采的回答是，只因为他决不能容忍"人们企图在涉及他本人的事情上欺骗他"，他一定要活得明白，追问"我为何而活着"这样的根本问题，虽则这便意味着活得痛苦。[1]

环顾周围，别人都不这样折磨自己。一方面，人们都作为大众而不是作为个人活着，"狂热地向政治舞台上演出的离奇闹剧鼓掌欢呼"。另一方面，人们都作为角色而不是作为自己活着，"戴着形形色色的面具，扮演成少年、丈夫、老翁、父亲、市民、牧师、官员、商人，等等，踌躇满志地走来，一心惦记着他们同演的喜剧，从不想一想自己"。"你为何而活着？对于这个问题，他们全都会不假思索自以为是地答道：'为了成为一个好市民，或者学者，或者官员。'"尼采刻薄地讽刺道："然而他们是一种绝无成为另一种东西之能力的东西。"接着遗憾地问道："他们为什么是这样的呢？唉，为什么不是更好呢？"[2]

尼采真正是哀其不幸，怒其不争。在他看来，逃避自我

---

1 《作为教育家的叔本华》第4节，本书第86页。
2 《作为教育家的叔本华》第4节，本书第86—87页。

是最大的不争，由此导致的丧失自我是最大的不幸。他斥责道："大自然中再也没有比那种人更空虚、更野蛮的造物了，这种人逃避自己的天赋，同时却朝四面八方贪婪地窥伺……他完全是一个没有核心的空壳，一件鼓起来的着色的烂衣服，一个镶了边的幻影……"[1]

如此作为一个空壳活着，人们真的安心吗？其实并不。现代人生活的典型特征是匆忙和热闹，恰恰暴露了内在的焦虑和空虚。人们迫不及待地把心献给国家、赚钱、交际或科学，只是为了不必再拥有它。人们热心地不动脑筋地沉湎于繁重的日常事务，超出了生活所需要的程度，因为不思考成了更大的需要。"匆忙是普遍的，因为每个人都在逃避他的自我，躲躲闪闪地隐匿这种匆忙也是普遍的，因为每个人都想装成心满意足的样子，向眼光锐利的观者隐瞒他的可怜相，人们普遍需要新的语词的闹铃，系上了这些闹铃，生活好像就有了一种节日般的热闹气氛。"[2]

匆忙是为了掩盖焦虑，热闹是为了掩盖空虚，但欲盖弥彰。人们憎恨安静，害怕独处，无休止地用事务和交际来麻痹自己，因为一旦安静独处，耳边就会响起一个声音，搅得人心烦意乱。可是，那个声音恰恰是我们应该认真倾听的，它叮咛我们："成为你自己！你现在所做、所想、所追求的一

---

1 《作为教育家的叔本华》第1节，本书第46—47页。
2 《作为教育家的叔本华》第5节，本书第92—93页。

切，都不是你自己。"[1]这是我们的良知在呼唤，我们为什么不听从它，从虚假的生活中挣脱出来，做回真实的自己呢？

那么，怎样才能成为自己呢？首先要有一种觉悟，就是对你自己的人生负责。这个责任只能由你自己来负，任何别人都代替不了。这个责任是你在世上最根本的责任，任何别的责任都要用它来衡量。"对于我们的人生，我们必须自己向自己负起责任；因此，我们也要充当这个人生的真正舵手，不让我们的生存等同于一个盲目的偶然。"那些妨碍我们成为自己的东西，比如习俗和舆论，我们之所以看重它们，是因为看不开。第一个看不开，是患得患失，受制于尘世的利益。可是，人终有一死，何必这么在乎。"我们对待我们的生存应当敢作敢当，勇于冒险，尤其是因为，无论情况是最坏还是最好，我们反正会失去它。为什么要执着于这一块土地、这一种职业，为什么要顺从邻人的意见呢？"第二个看不开，是眼光狭隘，受制于身处的环境。"恪守几百里外人们便不再当一回事的观点，这未免太小城镇气了。"你跳出来看，就会知道，地理的分界、民族的交战、宗教的倡导，这一切都别有原因，都不是你自己，你降生于这个地方、这个民族、这个宗教传统纯属偶然，为何要让这些对你来说偶然的东西——它们其实就是习俗和舆论——来决定你的人生呢？摆脱了这些限制，你就会获得精神上的莫大自由，明白一个道理："谁也不能为你建造一座你必须踏着它渡过生命之河的

---

1 《作为教育家的叔本华》第1节，本书第46页。

桥，除你自己之外没有人能这么做……世上有一条唯一的路，除你之外无人能走。它通往何方？不要问，走便是了。"¹

我们可以不问这条路通往何方，不管通往何方，我们都愿意承担其后果，但我们不能不问：一个人怎样才算是走上了这条唯一属于他的路，成为他自己？我们真正的自我在哪里，我们怎样才能认识它？对于这个困难的问题，尼采在本书中大致做出了两个层次上的回答。

第一个层次是经验的、教育学的，就是认识和发展自己最好的禀赋。尼采指出，一个人不可能"用最直接的方式强行下到他的本质的矿井里去"挖掘他的真正的自我，这样做不但容易使自己受伤，而且不会有结果。但我们可以从自己的经验中寻找那些显示了我们的本质的证据，比如我们的友谊和敌对、阅读和笔录、记忆和遗忘，尤其是爱和珍惜。"年轻的心灵在回顾生活时不妨自问：迄今为止你真正爱过什么，什么东西曾使得你的灵魂振奋，什么东西占据过它同时又赐福予它？你不妨给自己列举这一系列受珍爱的对象，而通过其特性和顺序，它们也许就向你显示了一种法则，你的真正自我的基本法则。"²

出自真心的喜爱，自发的不可遏制的兴趣，是一个人的禀赋的可靠征兆，这一点不但在教育学上是成立的，在人生道路的定向上也具有指导作用。就教育学而言，尼采附带涉

1　《作为教育家的叔本华》第 1 节，本书第 48 页。
2　《作为教育家的叔本华》第 1 节，本书第 49 页。

及了一个重要问题，就是如何协调全力发展独特天赋与和谐发展全部能力这两个不同的教育原则。他只指出了一个理想的方向，就是一方面使独特天赋成为一个活的强有力的中心，另一方面使其余能力成为受其支配的圆周，从而"把那个整体的人培养成一个活的运动着的太阳和行星的系统"[1]。

第二个层次是超验的、哲学的，就是寻找和获得一个"更高的自我"。那些曾使得你的灵魂振奋和幸福的对象，所显示的其实是你的超越肉身的精神本质，它们会引导你朝你的这个真正的自我攀升。尼采说："你的真正的本质并非深藏在你里面，而是无比地高于你，至少高于你一向看作你的自我的那种东西。"[2] 因此，我们应该"渴望超越自己，全力寻求一个尚在某处隐藏着的更高的自我"[3]。这个"更高的自我"，超越于个体的生存，不妨说是人类生存的形而上意义在个体身上的体现。

宇宙是一个永恒生成的过程，在这个过程中，在宇宙一个小小角落的短暂时间里，世代交替，国家兴灭，观念递变。"谁把自己的生命仅仅看作一个世代、一个国家或者一门科学发展中的一个点，因而甘愿完全属于生成的过程，属于历史，他就昧然于此在（das Dasein）给他的教训，必须重新学习。这永恒的生成是一出使人忘掉自我的骗人的木偶戏，是使个

---

1 《作为教育家的叔本华》第 2 节，本书第 52 页。
2 《作为教育家的叔本华》第 1 节，本书第 49 页。
3 《作为教育家的叔本华》第 6 节，本书第 100 页。

人解体的真正的瓦解力量,是时间这个大儿童在我们眼前耍玩并且拿我们耍玩的永无止境的恶作剧。"[1] 用宇宙的眼光看,个人和人类的生存都是永恒生成中稍纵即逝的现象,没有任何意义。但是,站在"此在"即活生生个人的立场上,我们理应拒绝做永恒生成的玩具,为个人和人类的生存寻找一种意义。

动物只知盲目地执着于生命,人不应该这样。"如果说整个自然以人为归宿,那么它是想让我们明白:为了使它从动物生活的诅咒中解脱出来,人是必需的;存在在人身上树起了一面镜子,在这面镜子里,生命不再是无意义的,而是显现在自身的形而上的意义中了。"[2] 通过自己的存在来对抗自然的盲目和无意义,来赋予本无意义的自然以一种形而上的意义,这是人的使命,也不妨视为天地生人的目的之所在。否则,人仍是动物,区别仅在于更加有意识地追求动物在盲目的冲动中追求的东西罢了。

我们如何能够超越动物式的盲目生存,达到那个意识到和体现出生命的形而上意义的"更高的自我"呢?单靠自己的力量做不到,"我们必须被举起——谁是那举起我们的力量呢?是那些真诚的人,那些不复是动物的人,即哲学家、艺术家和圣人"[3]。青年人之所以需要人生导师,原因在此。

---

1 《作为教育家的叔本华》第 4 节,本书第 87 页。
2 《作为教育家的叔本华》第 5 节,本书第 91 页。
3 《作为教育家的叔本华》第 5 节,本书第 93 页。

三、站在生命之画面前

在哲学家、艺术家、圣人身上，集中体现了人类的形而上追求。我们在广义上可以把他们都看作哲学家，因为他们只是在用不同的方式做哲学要做的事情，即阐释人生的意义。尼采说，通过他们的出现，"从不跳跃的自然完成了它唯一的一次跳跃，并且是一次快乐的跳跃，因为它第一回感到自己到达了目的地"，即实现了"对于存在的伟大解释"。自然产生他们的用意，乃是为了它的自我认识、自我完成、自我神化这样一个"形而上的目标"。[1] 自然本身没有给它的最高产物——人类的生存指明意义，这使得它自身的意义也落空了，"这是它的大苦恼"，而"它之所以产生哲学家和艺术家，是想借此使人的生存变得有道理和有意义，这无疑是出自它本身需要拯救的冲动"。[2]

在尼采的这些把自然拟人化的表述中，所表达的当然是人的感受。自然对意义是冷漠的，但人不能忍受自己在一个无意义的宇宙中度过无意义的生命。不过，既然人是自然的

---

[1] 《作为教育家的叔本华》第5节，本书第93—94、94、95页。
[2] 《作为教育家的叔本华》第7节，本书第118—119页。

产物，我们也就可以把人的追求看作自然本身的要求的一种间接表达。

自然产生哲学家的用意是要阐释人的生存之意义，哲学家应当不辜负自然的重托，负起这个使命。尼采发现，在他的时代中，只有叔本华是负起了这个使命的。他说，叔本华的伟大之处是"站在整幅生命之画面前，解释它的完整的意义"。每种伟大哲学都应如此，即"作为整体始终只是说道：这是生命之画的全景，从中学知你的生命的意义吧。以及反过来：仅仅阅读你的生命，从中理解普遍生命的象形文字吧"[1]。

对于生命之画的完整意义的阐释，不能靠抽象的逻辑推理，而必须凭借个人真实的生命体验。尼采认为，叔本华的哲学就是这样，它是"个体化的，由个人仅仅为了自己而建立，以求获得对自己的不幸和需要、自己的局限之洞察，并探究克服和安慰的手段"。这样建立的哲学，"尽管一开始也只是为了自己；但通过自己最终是为了一切人"[2]。一个哲学家唯有自己对人生有真切的体验，他的感悟才可能对世人有所启示。相反，那种空洞说教或抽象演绎的哲学，在人生启迪上对任何人都不会有价值。叔本华最后找到的拯救之道是弃绝自我、听天由命，尼采对此并不赞同，后来还不断地予以猛烈抨击。但是，他始终赞赏并坚持作为活生生个人真诚面对人生整体问题这样的哲学立场。

---

1 《作为教育家的叔本华》第 3 节，本书第 68 页。
2 《作为教育家的叔本华》第 3 节，本书第 68 页。

与叔本华形成对照的是那些"冒牌哲学家",他们舍本求末,致力于详尽地研究生命之画所用的画布和颜料,而不是理解画本身。"其成果也许是指出,面前有一块纵横交错编织成的亚麻画布,上面有一些无法弄清其化学成分的颜料。"人们看到,"在哲学的大厦中,他们立刻就陷在那样一些地方了,在那里他们得以博学地赞同和反对,得以苦思、怀疑和辩驳",而对大厦的整体状况却毫无了解的兴趣。[1]

按照哲学界相当一致的看法,康德实现了哲学上的哥白尼式革命。康德似乎很有说服力地证明了人的认识只能局限在现象界,不可能触及世界和人生的本质。一直以来,哲学致力于探究世界和人生的本质,因此,在康德之后,哲学向何处去便成了问题。尼采对此有深刻的感知,他说:"对真理的绝望。这一危险伴随着每一个以康德哲学为出发点的思想家,只要他在受苦和渴望方面是一个更完整更有活力的人,而不只是一架啪嗒作响的思想机器和计算机器。"然而,在他看来,大多数哲学家属于后者。"虽则我们频频读到,据说自这位沉静的学者发难以来,在一切精神领域都爆发了革命;但是,我并不相信这一点。因为从这些人身上我看不出此种迹象,在任何一个完整领域能够发生革命之前,他们自己本该首先被革命的。"康德在他们身上发生的影响,只是使得"一种具有腐蚀和瓦解作用的怀疑主义和相对主义"得以流行。对于他们来说,真理问题只是认识问题,与灵魂无关,

---

[1] 《作为教育家的叔本华》第3节,本书第68页。

所以，真理不可认识也只是认识问题罢了，他们绝不会因此感到绝望。

只有在极少数人身上，康德哲学才引起了严重的心灵危机，这是"那些最活泼也最高贵的心灵，因为不堪忍受怀疑，在他们身上取代怀疑的便会是那种震撼以及对一切真理的绝望"。例如和康德同时代的德国诗人克莱斯特，他读了康德哲学之后，因为知道追求真理的全部努力都是徒劳的，说自己受到"深刻而痛苦的震撼"，"最神圣的内心深处"被这个思想刺伤了，发出了痛彻心扉的悲喊："我的唯一目标、我的最高目标沉落了，我一无所有了。"尼采指出，人们只有像克莱斯特这样，凭自己"最神圣的内心深处"来衡量康德哲学的意义，"如此方能估计，在康德之后，正是叔本华对于我们能是什么——是一位向导，他带领我们走出怀疑主义的不满或批判哲学的无为之洞穴，登上悲剧观照之天穹……"[1]

尼采自己也是因康德哲学而对真理感到绝望的人，但他不甘心停留于绝望，而要怀着这绝望继续前进，即使明知对世界和人生的形而上认识之不可能，仍要为世界和人生寻找一种形而上意义。在这种心情下，从康德哲学出发而仍然试图给世界和人生做出整体解释的叔本华哲学对他就有了一种向导的作用。不过，他不愿接受叔本华对生命之画的悲观解释，于是站在肯定人生的立场上，竭力向人们解释这幅画的悲剧含义，创建了他自己的哲学。

---

[1] 《作为教育家的叔本华》第3节，本书第67页。

四、哲学家首先是真实的人

哲学家要负起解释人生意义的使命，自己首先必须是一个真实的人。在本书中，尼采把学者当作对立面，再三强调这个论点。

他指出："一个学者绝不可能成为一个哲学家……哲学家不仅是一个大思想家，而且也是一个真实的人；而一个真实的人何尝脱胎于一个学者呢？"真实的人，即是对世界和人生有丰富而深刻的体验的活生生的个人。因此，他仿佛成了"整个世界的原型和缩本"，能够"从自己身上获取大多数教导"。他具备两个相辅相成的特点，既有独特的眼光，能"初次地看事物"，亦有独特的个性，自己是一个"被初次看见的事物"。相反，学者"让概念、意见、掌故、书本横插在自己和事物之间"，总是借助别人的意见来看自己和事物，因此在自己身上和事物上面都只看见别人的意见。[1]

哲学上的独创性，其根源在于一个哲学家的独特的内在体验，在于这种体验的力度和深度。如果没有，脑袋再聪明，

---

[1] 《作为教育家的叔本华》第7节，本书第124页。

工作再勤奋，也不过是搜罗更多别人的意见，对之做一番整理和转述罢了。对于别人的意见，其价值也须依据包含多少真实的生命体验加以判决，而在能够做这样一个公正的判官之前，一个思想家自己"必须先成为一个活生生的人"[1]。

真实地生活和体验，这是一个前提，在此前提下，哲学家还必须诚实地思考和写作。尼采认为，在这一点上，叔本华也是楷模。他是在"对自己说话""为自己写作"，一个这样的作者必定是诚实的，因为他不能欺骗自己。他的作品有两个特点。一是明白，从不作似是而非之论。所谓似是而非之论是那样一些意见，作者自己并不真正相信它们，只是用来哗众取宠，它们充斥在出版物之中。二是质朴，甚至排斥诗意的或修辞的辅助手段。这倒好理解，一个人在对自己说话时当然不会用美文。正因为此，叔本华"善于质朴地说出深刻的真理，没有华丽辞藻却抓住了听众，不带学究气却表达了严密的科学理论"。相比之下，尼采感叹说："诚实的作家如此之少，因而人们的确应该对一切搞写作的人报以不信任。"[2]

当一个诚实的思想家面对社会时，要能坚持他的诚实，还必须具备一种品格，就是正直。如同叔本华那样，真正的哲学家必定拥有独立的人格，"独立于国家和社会"。"如果一个天才想使居于他身上的更高的秩序和真理彪炳天下，他就

---

[1] 《作为教育家的叔本华》第3节，本书第73页。
[2] 《作为教育家的叔本华》第2节，本书第57页。

不可畏惧同现存的形式和秩序发生最敌对的冲突。"相反，学院里的哲学教授们以"纯科学"名义宣讲的"真理"，却似乎是一种恭顺的、随和的、讨人喜欢的东西，不会给任何人造成麻烦，因此他们自己也不会惹上麻烦。尼采写道："所以，我要说，哲学在德国必须越来越淡忘'纯科学'的身份：而这正是叔本华其人的范例。"尼采把康德算作相反的范例，在本书中多次批评他"固守大学，服从政府，维持一种虚假的宗教信仰"，"不脱学者的故态，患得患失，低声下气，在对国家的关系上有失风度"，因此"他的范例主要产生学院教授和教授哲学家，便是很自然的了"。仅就行为而言，尼采说的是事实，康德谨小慎微，看重职称，屡次忍气吞声地向当局递交申请，直到四十七岁才当上哥尼斯堡大学的正式教授。用"真实的人"这个标准衡量，尼采惋惜他"也未成正果，虽然天生其才，富有潜力，但直到最后仿佛仍然处于蛹化状态"，即停止在从学者向哲学家蜕变的半途上了。[1]

哲学家追求智慧，学者服务于科学，二者的区别源于智慧与科学的不同。"科学与智慧的关系正相当于道德与神圣的关系"，智慧和神圣都是灵魂的事，知识层面上的科学和习俗层面上的道德则和灵魂无关。科学"是冷漠而枯燥的，它没有爱，对于深刻的不满和渴望之情一无所知"。"科学不论在何处都只看见认识问题，在其视野内苦难原本是某种与己无关和不可理解的东西，至多又是一个问题罢了。""它为自己

---

[1] 《作为教育家的叔本华》第3、8、7节，本书第61—62、129、124页。

谋利的程度，正相当于它对其仆人的损害，它把自己的特性转嫁给了他们，因此而仿佛使他们的人性变得僵硬了。"[1]我们可以通过大量的标本观察到，许多学者"盲目地、过早地为科学献身，从而以一个驼背为其特征"[2]。

写作本书时，尼采自己已经做了六年学者。以前做学生，现在做教授，他从老师和同事身上对学者也有近距离的观察。这个有着一颗哲学家灵魂的学者以解剖学者为乐，在本书中列举了学者的十三个特征，可以归纳为以下三条。

第一，天性冷漠，没有爱和热情。"他的本性在好恶两方面都平庸而且乏味。""感情贫乏而枯燥。这使他适合于从事活体解剖。"

第二，资质平庸，没有创造性。"自视甚卑，是的，谦虚。即使被圈在一个可怜的角落里，他们也丝毫不感到是牺牲和浪费，他们仿佛总是刻骨铭心地知道自己不是飞禽，只是爬虫。""学者在被推上某一条路之后，就在这条路上作惯性运动……这种天性的人是目录和植物标本的搜集者、讲解者、制作者；他们之所以在一个领域里学习和探究，只是因为他们未尝想到还存在着别的领域。他们的勤奋与极其蠢笨的重力有相似之处，所以他们常常十分多产。""真正的思想者最向往闲暇，平庸的学者却避之唯恐不及，因为他不知道拿它做什么好。书本是他的慰藉：这就是说，他倾听另一人如何

---

1 《作为教育家的叔本华》第6节，本书第108页。
2 《作为教育家的叔本华》第2节，本书第54页。

思考，以这种方式来消磨漫长的日子。""学者在本质上是不孕的——他的来历的一个后果！——而且他对有创造力的人怀着本能的仇恨；所以，在任何时候，天才和学者都是互相敌对的。后者想要杀死、解剖和理解自然，前者想要用新的活泼的自然来加强自然。"

第三，追逐名利，没有纯净的心性。在"谋生的动机"支配下，仅仅为"有利可图的真理"效劳，因为"它能够直接带来薪金和职位，或者至少能够讨好那些分发面包和荣誉的人"。"学者还相当大量地怀着想要发现某一些'真理'的冲动，目的是向权贵、金钱、舆论、教会、政府献媚，因为他相信，如果主张'真理'在它们那里，对他自己是有好处的。"有些学者"想尽可能拥有一个完全属于自己的地盘，于是就选择冷僻古怪的项目，最好这些项目还需要异乎寻常的经费开支、旅行、发掘以及大量的国际联系"。"如今，当老师的只要善于开辟一块地盘，让庸才们在其上也能做出一些成绩，他就准会一举成名，求学者立刻蜂拥而至。"一方面是师生之间互相利用，另一方面则是提防同行，"所有同行之间都满怀嫉妒，互相监视"。总之，大学是十足的名利场罢了。[1]

我忍不住要大量引用尼采的原话。这个真实的人，这个一百三十多年前巴塞尔大学的教授，他莫非是在说今天我们的大学？

---

[1] 以上均见《作为教育家的叔本华》第6节，本书第109—112页。

五、在自己身上战胜时代

哲学家以探究生命的意义为己任，这也就给了他一个评判自己所处时代的根本标准。尼采据此来观察他的时代，他看到的是什么？最触目惊心的是一种没头脑的匆忙，它确证了生命意义的迷失。尼采对现代人的匆忙深恶痛疾，一再指出："普遍的匆忙和越来越快的生活节奏"，"一切悠闲和单纯的消失"，乃是"文化整个被连根拔起的征兆"。[1] "……那种匆忙，那种令人不得喘息的分秒必争，那种不等成熟便采摘一切果实的急躁，那种你追我赶的竞争，它在人们脸上刻下了深沟……仿佛有一种药剂在他们体内作怪，使他们不再能平静地呼吸，他们心怀鬼胎地向前猛冲，就像烙着三 M——Moment（即刻），Meinung（舆论），Moden（时尚）——印记的奴隶。"[2]

匆忙的根源，则是信仰的丧失，各个阶层连同国家都"被极其卑鄙的金钱交易拖着走"。"世界从来不曾如此世俗化，

1　《作为教育家的叔本华》第 4 节，本书第 77—78 页。
2　《作为教育家的叔本华》第 6 节，本书第 106 页。

如此缺乏爱和善良。"人们"忙碌而又专心地替自己打算……为他们的日常生活惨淡经营，而追逐起幸福来绝不会像今天与明天之间所可见到的这样急切，因为到了后天，也许一切追逐的时机都将告终"。这种"充满焦虑的期待和贪婪的攫取引发了灵魂中的全部卑鄙和私欲"。[1]

对于正在德国蔓延的急切追逐财富的趋势，常常有人向尼采辩解说：德国人一直太贫困也太自卑了，只要让我们的同胞变得富裕而自信，那时他们就会变得有文化的。想必我们对这种财富造就文化的论调也十分熟悉，而尼采对此回答道："如果说信念有时能使人快乐，那么，这种信念却使我不快，因为我感觉到，这些人相信终会到来的那种德国文化——财产、虚荣和附庸风雅的文化——恰与我所信仰的德国文化截然相反。"[2] 很显然，在他看来，财富能够造就的那种所谓文化，只会是没有精神内涵的伪文化，与真正的文化风马牛不相及。

现代人之所以需要这种伪文化，恰恰是为了掩饰自己的没文化。人们忙于逐利，内心空虚，彼此厌倦得要命，因此不惜一切代价要"把自己弄得有趣一些"，于是浑身上下撒满了文化的作料，这样就可以"把自己当作诱人的美餐端上桌"了。匆忙使人的尊严和体面丧失殆尽，"因而非常需要一种骗人的优雅，用来掩盖那种斯文扫地的匆忙病"，"教养就意味

---

[1] 《作为教育家的叔本华》第4节，本书第78、79、80页。
[2] 《作为教育家的叔本华》第6节，本书第107页。

着使自己对于人的可怜和卑劣、竞争的残忍、聚敛的贪婪、享乐的自私和无耻都视而不见"。[1]

在当时的德国，向法国人学习美化生活的技艺和礼仪成为时尚，掀起了一股热衷于"美的形式"的潮流。尼采指出，德国人诚然一向因晦涩、迟钝、沉闷、笨拙而遭人诟病，但这股潮流真正要掩饰的还不是这些旧弱点，而是一种新毛病："现在，最让人难受的是又加上了那种狂热的不安，那种对成功和获利的渴望，那种对当下时刻的过分看重，我们不由得要想，这一切疾病和弱点也许已经完全不可救药了，只能不断地加以粉饰——就用这种'令人感兴趣的形式的文化'！"[2]

粗俗而要装得优雅，空虚而要装得心满意足，在语言表达上就会虚伪和夸张。"现在人们已经变得如此复杂，以至于只要他们想说话、发表意见和据之行动时，他们便必然会不诚实。"[3]"现代人在表达时显示了一种野蛮的任性和夸张。"[4]时代的疾病必然会反映在语言上，而我们通过语言的品质也可以相当准确地判断一个时代的品质。在健康的时代，人们往往朴实地说话，相反，社会上流行的无论是意识形态式的套话，还是广告式的大话，我们都可以有把握地断定这是一个病态的时代。

最使尼采愤恨的是学者的堕落，学者不但没有承担起批

1　《作为教育家的叔本华》第6节，本书第104、106页。
2　《作为教育家的叔本华》第6节，本书第107页。
3　《作为教育家的叔本华》第2节，本书第55页。
4　《作为教育家的叔本华》第7节，本书第122页。

评时代的责任，盛行的反而是"对时代的谄媚"。他评论说："这真是莫大的耻辱——它表明人们已经不再懂得，哲学的严肃距一份报纸的严肃有多么遥远。"这样的学者把哲学和宗教的观念都丧失殆尽了，取而代之的是"新闻主义"，是"日常生活和日报的精神和精神之缺乏"。"学者阶层不再是这整个动荡不宁世俗化潮流中的灯塔或避难所；他们自己也一天天变得不安，越来越没有思想和爱心……有教养人士已经蜕化为教育的头号敌人，因为他们讳疾忌医。这些软弱可怜的无赖，一旦有人议论他们的弱点，反对他们那有害的自欺欺人，他们就暴跳如雷。"[1]

在对时代做了淋漓尽致的描述之后，尼采问道：面对"今日人性的猥琐"[2]，面对我们时代"人性所遭受的危险"，"谁将为了人性，为了由无数世代苦心积累的这神圣不可侵犯的庙堂珍宝，而奉献出他的卫士和骑士的忠诚呢？当所有人在自己身上只感觉到私欲的蠕动和卑劣的焦虑，就这样从人的形象堕落，堕落为禽兽甚至僵死的机械之时，谁将负着人的形象上升呢？"[3]当然，这个守护人性的责任义不容辞地落在了哲学家的肩上。

人们常说：哲学是时代精神的集中体现。这种说法完全歪曲了哲学与时代的关系。哲学追问生命整体的意义，所要

---

1 《作为教育家的叔本华》第4节，本书第76、78页。
2 《作为教育家的叔本华》第7节，本书第121页。
3 《作为教育家的叔本华》第4节，本书第80页。

寻求和坚持的是某些超越于个别时代的永恒的精神价值。因此，恰恰相反，哲学应该站得比时代精神高，立足于永恒，对时代精神进行审视和批判。

但是，当哲学家要履行这个职责时，会遭遇极大的困难。哲学家也是人，虽然心系永恒，却仍然不得不生活在某一个具体的时代，与这个时代有千丝万缕的联系。如同尼采所说："这些逃到内心中寻求其自由的人也仍然必须在外部世界中生活，因而露其形迹，为人所见；由于出生、居留、教育、祖国、偶然性以及他人纠缠，他们身处无数的人际关系之中。"这种情况类似于耶稣所说的本乡人眼中无先知。因此，"当他们一心追求真理和真诚之时，误解之网包围着他们"[1]。

比误解更严重的是，作为时代的一员，哲学家也会感染时代的疾患。比如说，尼采自己就为生命意义的迷失而痛苦。和普通人不同的是，哲学家对时代的疾患有更强烈和敏锐的感受，因而更加痛苦。尼采描述这种情形说："如果每一个伟人都宁愿被视为他的时代的嫡子，始终比一切普通人更加强烈和敏感地因时代的种种缺陷而痛苦，那么，这样一个伟人反对其时代的斗争似乎只是反对他自己的一场荒唐的自杀性斗争。"然而，他紧接着分析说："不过，仅仅似乎如此；因为在时代之中，他反对的是那阻碍他成其伟大的东西，对他来说，成其伟大也就是自由地、完全地成为他自己。因此，他的矛头所指正是那种虽然在他身上，却并不真正属于他的

---

[1] 《作为教育家的叔本华》第3节，本书第65页。

东西，亦即那种把不可混同、永远不可统一的东西掺和在一起的做法，那种把时代特征错误地焊接到他的不合时宜的天性上去的做法；所谓时代之子终于显出原形，原来只是时代的养子。"[1]时代的养子——这才是哲学家与时代的真实关系。哲学家仿佛是直接由天地精神所生，只是偶然地寄养在这个时代罢了。时代是他的养母，他反对这个养母的坏品性，反对这个养母在他身上造成的坏品性，乃是为了捍卫源自天地精神的他的纯洁的天性，亦即捍卫天地精神本身。

正因为此，哲学家不能就时代论时代，他必须站得更高，眼界更宽。"做事物之尺度、货币、重量的立法者，乃是一切伟大思想家的真正使命。"[2]从何处寻找立法的参照？一个重要途径是对不同时代进行比较，看哪个时代人们生活得真正有意义。哲学家"要给整个人类命运下一正确的判断，因而不只是平均的命运，而首先是个人或整个民族可能获得的最高命运。然而，现在种种现代事物近在眼前，影响和支配着眼睛，哪怕这位哲学家并不愿意；于是在算总账时，它们就被不由自主地高估了。所以，哲学家必须在与别的时代的区别中估价他的时代"。当然，在尼采看来，古希腊是最伟大的参照，证明了人性和生命价值所能达到的高度。当哲学家获得了对人性和生命价值的坚定信念之后，他也就"在自己身上战胜了时代"，不再会依据身处的这个糟糕的时代来判断生命

---

[1] 《作为教育家的叔本华》第3节，本书第73页。
[2] 《作为教育家的叔本华》第3节，本书第72页。

的价值。"他胸有成竹,知道在这个世界上能够找到并且实现比这种时行生活更高尚纯洁的生活,而凡是仅仅依据这种丑恶的形态认识和评价存在的人,都对存在做了极不公正的事。"[1] 于是,即使在一个糟糕的时代,他仍会百折不挠地为实现生命所能达到的最高价值而战斗。

---

1 《作为教育家的叔本华》第3节,本书第74页。

六、取消国家对哲学的庇护

哲学家生活在某个时代之中,同时也不可避免地生活在某个国家之中。哲学与国家、政治的关系是怎样的?这是哲学家不得不面对的另一个重大问题。尼采的基本观点是,哲学与政治是两回事,哲学必须坚守完全不受国家支配的独立立场。

哲学着眼于永恒,要解决的是生命意义问题,政治着眼于一时一地,要解决的是国家利益以及社会各阶层之间利益关系的问题,二者的目标和任务截然不同。因此,一方面,不可试图用政治的方式来取消或解决本来属于哲学的问题。"任何一种相信靠政治事件可以推开甚至解决存在问题的哲学,都是开玩笑的和耍猴戏的哲学。"在尼采看来,当时十分走红的黑格尔哲学"宣称国家是人类的最高目的",就是这样的哲学。[1]另一方面,哲学家也不可过于关注和参与政治事务。"从现在起,如果一个人懂得简单地看待国家及其责任(和他对国家的责任),这很可能将始终是精神上优秀的标志;因为

---

[1] 《作为教育家的叔本华》第4节,本书第77页。

一个身上有哲学的狂热的人不会再有余暇留给政治的狂热,将明智地拒绝每天读报,更不必说替一个政党效劳了:尽管不排斥在某个时刻,当他的祖国面临现实的危急之时,他会坚守在他的岗位上。"后面这句话,尼采自己用行动做了证明,在普法战争期间曾自愿担任一名战地护士。哲学家可以关心政治,但要用哲学的方式来关心,作为对人类最基本价值的坚守和思考,哲学对政治发生的影响虽然是间接的,然而是根本性的。具体的政治问题应该让政治家去操心。一个国家治理得越好,为政治操心的人就越少。相反,"任何一个国家,倘若还要除政治家之外的其他人来为政治操心,就必定治理得很糟,它活该毁在这么多政客手中"[1]。

国家对哲学和哲学家的态度大致有两种情况。一是敌视。这是专制国家对独立思考的真正的哲学家的态度。"何处存在着强大的社会、政府、宗教、舆论,简言之,何处有专制,则它必仇恨孤独的哲学家;因为哲学为个人开设了一个任何专制不能进入的避难所,一个内在的洞穴,一个心灵的迷宫,而这便激怒了暴君们。"[2] 另一是控制和利用。尼采认为,国家出自其本性总是置国家利益于真理之上的,"国家从来不关心真理,只关心对它有用的真理,更确切地说,只关心一切对它有用的东西,不管这东西是真理、半真理还是谬误"。国家当然希望有真理来为它服务,替它卖命,但

---

[1] 《作为教育家的叔本华》第7节,本书第123页。
[2] 《作为教育家的叔本华》第3节,本书第65页。

"真理在本质上是决不服务和决不卖命的"。因此，如果国家利用哲学，所利用的就只能是那种宣扬假"真理"的伪哲学。[1] 事实上，这种情况也是在专制国家格外严重，只有专制国家才会以国家的名义把一种哲学宣布为官方哲学，例如当年黑格尔哲学之在普鲁士。所以，敌视真哲学，利用伪哲学，往往是同一件事情的两面。

在尼采看来，近代以降，国家控制和利用哲学的基本方式是养活一批学院哲学家，使一定数量的人能够把哲学当作谋生手段。古希腊的哲人是不从国家领取薪水的，最多是像芝诺那样，获得一顶金冠和克拉美科斯山上一块墓碑的荣耀。尼采承认，如果国家肯把像柏拉图、叔本华这样的真正的哲学家养起来，使他们得以专心从事哲学，那当然是好事。但是，问题在于，国家不会这样做，"因为任何国家都害怕他们，永远只会重用它不怕的哲学家"。所以，实际情况是，国家只是养活了一批"它的哲学奴仆"，以求造成仿佛哲学是站在它这一边的假象。[2]

现在让我们来看一看国家所养活的学院哲学家的可悲状况。首先，由于他们并无哲学的慧根，因此只能把哲学当作学术来搞，哲学成了一种知识，特别是哲学史知识，所做的事情是"在无数别人彼此矛盾的意见中翻掘"。其次，和具体学科的学者相比，他们又缺乏科学训练，搞学术也不行。"当

---

[1] 《作为教育家的叔本华》第8节，本书第138页。
[2] 《作为教育家的叔本华》第8节，本书第129、130页。

学院哲学家们从事学术工作时，一位语文学家会觉得他们多半做得很差，缺乏科学的严格性，往往还沉闷得令人生厌。"学院哲学家的尴尬在于，哲学本身不是一个具体学科，他们就只好"从其他学科的成果中替自己搜罗点什么"，或者，"如果他们进行学习，他们就怀着一种隐秘的冲动，试图逃避已有的学科，而在它们的某个空白点或模糊点上建立一个很不明确的领域"。¹ 总之，在学术上不外乎东拼西凑和似是而非两种情况。这些人既体会不到哲学思考的丝毫乐趣，又不具备学术研究的能力，因此，即使在学院里，也是一群找不到自己位置的可怜虫。

尼采极其鄙视学院哲学家，带着恶作剧般的快乐描绘他们在学术界的窘态说："他们中间还会时而冒出一个人，犹豫不决地跃向一种小小的形而上学，其通常的结果是眩晕、头痛和流鼻血。他们腾云驾雾的旅行常常遭到惨败，总是会有某一个具有真正严格科学头脑的愣小伙子揪住他们的头发，把他们拖到地面上来，而他们便露出一副惯常的行窃被罚的忸怩神态。""如果说在过去，哲学家尤其是德国哲学家耽于沉思默想，因而常有以头触梁的危险，那么现在，就像斯威夫特讲述的勒普泰岛民的故事，他们有了一大群敲打者，逮着机会就朝他们的眼睛或别的地方轻轻打一下……这些敲打者就是各门自然科学和历史学；它们用这种方式逐渐吓住了德国的梦幻业和思维业——长期以来，这些产业被与哲学混为

1　《作为教育家的叔本华》第 8 节，本书第 131、132、134 页。

一谈——使得那些思维业主甘愿彻底放弃了独立行走的企图;可是,一旦他们突然想要投入它们的怀抱,或者系一根襻带让它们牵着走,就立刻遭到它们最可怕的敲打——它们仿佛想说:'就欠这样一个思维业主来玷污我们的自然科学和历史学了!滚蛋吧!'于是他们缩了回去,心里发虚,一筹莫展。"[1]

学院哲学不但遭到了具体学科及其学者们的敲打,而且在学生们身上,其主要效果也几乎是使他们"学会彻底憎恨和蔑视哲学"。为了对付哲学考试,他们备受折磨,不得不把人类精神产生过的最疯狂最尖锐的想法,连同最伟大最难懂的想法一起,统统塞进可怜的头脑。"对于一种哲学唯一可能的和有意义的批评便是检验一下能否依据它生活,但是,在大学里从来不教这样的批评,所教的只是用文字批评文字。""事实上,这种教育与哲学毫无关系,仅仅是为了哲学考试,其众所周知的通常的结果是,考生——唉,被考得筋疲力尽的考生——深深叹一口气,对自己说:'感谢上帝,我不是哲学家,而是一个基督徒和普通国民!'"[2] 强迫性的哲学课程和哲学考试所产生的不外是两种结果:"对于那些愚钝的脑瓜来说,把哲学变成一个考试的鬼魂不失为一种吓退他们的办法,可以使他们不敢从事哲学的研究";可是,"大胆活泼的学生"却因此撇开了学院哲学而自助,"学会了阅读禁书,

---

1 《作为教育家的叔本华》第 8 节,本书第 134—135、136 页。
2 《作为教育家的叔本华》第 8 节,本书第 132、133 页。

开始批判他们的老师",走上了独立思考的道路。[1] 多数学生因为讨厌哲学课而逃离一切哲学,少数学生因为讨厌哲学课而开始寻求真正的哲学,其间有天赋高低之别,但讨厌哲学课却是一致的。

总而言之,因为学院哲学,"哲学暂时成了一种可笑的东西"。当然,哲学本来不该是这样的。尼采提到,在罗马共和国崩溃时期和罗马帝国时期,大统帅和大政治家研习哲学成风,哲学的尊严达到了顶峰。我们从普鲁塔克的叙述中知道,无论是建立了赫赫武功的恺撒,还是为了捍卫共和体制而领导刺杀恺撒的布鲁图,都从事历史学和哲学著述,而以哲学家留名青史的西塞罗,同时也是一位大政治家。尼采引用爱默生的话说:"当伟大的上帝让一个思想家来到我们的星球上时,你们要小心。那时候,万物都有危险了……迄今为止对于人们宝贵的和有价值的一切东西,现在只被看作出现在其精神视野中的一些观念,它们造就了现有的事物秩序,就像树结果实一样。顷刻之间,一种新的文化水准迫使整个人类追求系统发生了彻底变革。"相反,今天的学院思想家却不会造成丝毫危险,尼采用第欧根尼的一句话来说明其所作所为。第欧根尼在听人称赞一个哲学家时反驳道:"他究竟有什么伟绩可炫耀,既然他搞了这么久哲学,却没有伤害过任何人?"尼采接着评论道:"是的,应该在学院哲学的墓碑上刻写:'它没有伤害过任何人。'这诚然更像是对一个老妇的称

---

[1] 《作为教育家的叔本华》第8节,本书第138页。

赞，而不像是对一位真理女神的赞美。"[1]

所以，不是哲学本身可笑，是那些坏哲学家可笑，是他们把哲学弄成了一个可笑的东西。正因为此，他们又是有害的，使哲学的尊严遭到了践踏。"他们在多大程度上也是有害的？简短地回答：看他们在多大程度上把哲学弄成了一个可笑的东西。"[2] 这就赋予了真正爱哲学的人一种责任，就是重建哲学的尊严，用行动证明"唯有哲学的那些假仆人和不够格的从事者才是可笑的或可有可无的"，而"对真理的爱乃是一种可怕的和强有力的东西"。[3]

在尼采看来，在大学里开哲学课，这种方式本身就有点可笑，包含着把哲学弄成一个可笑的东西的必然性。哲学是一种沉思活动，并且只有在"内心的天才召唤和指引"之下才能真正进行，不是随时可以进行，更不是随时可以谈论的。可是，一个哲学教师必须在固定的钟点给学生上课。尼采问道："请问，一个哲学家真的能够良心坦然地承担起这一责任，每天都有可以教给别人的东西吗？他能够把这东西教给每一个想听的人吗？他不会显得比他实际所知更博学吗？他岂非必须在不熟悉的听众面前谈论唯有向最知心的朋友才能准确表达的想法？"可是，"他有了一种义务，便是要在确定的钟点当众思考预定的问题。而且是在年轻人面前！这样的

---

[1] 《作为教育家的叔本华》第8节，本书第142页。
[2] 《作为教育家的叔本华》第8节，本书第137页。
[3] 《作为教育家的叔本华》第8节，本书第143页。

思考岂非一开始就好像去了势?"即使他想不出什么,他仍必须装出在思考的样子,这是多么可笑的情景!¹

通过上述分析,尼采提出了一个大胆的建议:把哲学从学院里驱逐出去!他写道:"我认为这是文化的要求:取消对哲学的一切国家的和学院的认可,从根本上废除国家和学院所不能胜任的甄别真伪哲学的任务。让哲学家们始终自发地生长,不给他们以任何获取公职的希望,不再用薪金鼓励他们,甚至更进一步,迫害他们,歧视他们——你们便会目睹一种奇景!他们将作鸟兽散,四处寻找一片屋顶,这些可怜的假哲学家;这里显出了一个牧师的原形,那里显出了一个中学教员的原形,有人钻进报纸编辑部,有人给女子高中编写教科书,他们中最理智的人握起了犁铧,最虚荣的人向宫廷投奔。转瞬间万物皆空,鸟雀俱飞,因为要摆脱坏哲学家是很容易的,只消不再优待他们就可以了。比起以国家的名义公开庇护任何一种哲学——不管它自以为是怎样的哲学——来,这无论如何是一个更好的建议。"²

尼采一再说:"涉及天生的伟大哲学家,阻碍他们产生和发生影响的莫过于国家培养的那些坏哲学家了。""我极其认真地相信,对哲学毫不关心,不抱任何希望,尽可能长久地听之任之,视同可有可无,这对它是更为有利的。"³哲学从国

---

1 《作为教育家的叔本华》第8节,本书第131页。
2 《作为教育家的叔本华》第8节,本书第137页。
3 《作为教育家的叔本华》第8节,本书第128、138页。

家那里所能得到的最好待遇是一种冷淡的态度和中立的立场。取消由国家扶植的哲学界,这是使哲学世界纯洁化的最有效办法。恰恰因为这样一个哲学界的存在,哲学世界才变得浑浊不清。在哲学民族古希腊人那里,哪里有什么哲学界,只有一个个独立的哲学巨人和他们的弟子。一旦不再能靠哲学获利了,寄居在哲学领域的假哲学家、坏哲学家就作鸟兽散了。真正爱哲学的人会留下来,但不是作为顶着教授头衔的受雇佣者,而是作为独立的个人,对世界、人生、时代、社会的根本问题进行思考。

尼采提出的这个设想也许太理想主义了,不可能被任何现代国家接受。促使他如此设想的一个重要因素是对大学堕落的愤慨,他指出:"大学精神正开始把自己同时代精神混为一谈",这个"时代精神"就是顶着哲学名义的"新闻记者的精神"。因此,他期待有朝一日在大学之外产生一个更高的法庭,将对堕落的大学精神进行监视和审判,而"只要哲学被大学驱逐,从而清除了一切委琐的顾虑和阴影,那么,它绝不会变成别的什么,恰好就是这样一个法庭"。[1] 当然,哲学始终未被大学驱逐,尼采的期待似乎落空了。不过,即使如此,这样的法庭事实上仍然是存在的,比如说在尼采自己的哲学之中。我们应该相信,在任何时代、任何国家,始终都存在着真诚寻求生命意义的灵魂,它们组成了审判无论大学里还是整个社会上精神堕落的无形的法庭。

---

1 《作为教育家的叔本华》第8节,本书第140页。

我的哲学之师叔本华[1]

---

[1] *Schopenhauer als Erzieher* 为 *Unzeitgemässe Betrachtungen*(《不合时宜的考察》)系列论文(共四篇)的第三篇,写于1874年,同年出版单行本。原文各节只有序号,标题和内容提要为译者所加。

一、成为你自己

　　每个人都是一个一次性的奇迹，应该听从良知的呼唤："成为你自己！"懒惰和怯懦是使人不能成为自己的主要原因。我们必须自己负起对自己人生的责任。你所珍爱的一系列对象向你显示了你的真正自我的基本法则，它们组成了向你的真正本质攀登的阶梯。

一个看过许多国家、民族以及世界许多地方的旅行家，若有人问他，他在各处发现人们具有什么相同的特征，他或许会回答：他们有懒惰的倾向。有些人会觉得，如果他说他们全是怯懦的，他就说得更正确也更符合事实了。他们躲藏在习俗和舆论背后。其实每个人心里都明白，作为一个独一无二的事物，他在世上只存在一次，不会再有第二次这样的巧合，能把如此极其纷繁的许多元素又凑到一起，组合成一个像他现在所是的个体。他明白这一点，可是他把它像亏心事一样地隐瞒着——为什么呢？因为惧怕邻人，邻人要维护习俗，用习俗包裹自己。然而，是什么东西迫使一个人惧怕邻人,随大流地思考和行动,而不是快快乐乐地做他自己呢?在少数人也许是羞愧。在大多数人则是贪图安逸,惰性,一句话,便是那位旅行家所谈到的懒惰的倾向。这位旅行家言之有理:人们的懒惰甚于怯懦,他们恰恰最惧怕绝对的真诚和坦白可能加于他们的负担。唯有艺术家痛恨这样草率地因袭俗规,人云亦云,而能揭示每个人的那个秘密和那件亏心事,揭示每个人都是一个一次性的奇迹这样一个命题,他们敢于向我们指出,每个人直到他每块肌肉的运动都是他自己,只是他自己,而且,只要这样严格地贯彻他的唯一性,他就是美而可观的,就像大自然的每个作品一样新奇而令人难以置信,绝对不会使人厌倦。当一个伟大的思想家蔑视人类时,他是在蔑视他们的懒惰:由于他们自己的原因,他们显得如同工厂的产品,千篇一律,不配来往和垂教。不想沦为芸芸众生的人只需做一件事,便是对自己不再懒散;他应听从他的良知的呼唤:"成为你自己!你现在所做、所想、所追求的一切,都不是你自己。"

每颗年轻的心灵日日夜夜都听见这个呼唤,并且为之战栗;因为当它念及自己真正的解放时,它便隐约感觉到了其万古不移的幸福准则。只要它仍套着舆论和怯懦的枷锁,就没有任何方法能够帮助它获得这种幸福。而如果没有这样的解放,人生会是多么绝望和无聊呵!大自然中再也没有比那种人更空虚、更野蛮的造物了,这种人逃避自己的天赋,同时却朝四面八方贪婪地窥伺。结果,我们甚至不再能攻击一个这样的人,因为他完全是一个没有核心的空壳,一件鼓起来的着色的烂衣服，一个镶了边的幻影，它丝毫不能叫人害怕，也肯定不能引起同情。如果我们有权说懒惰杀害了时间，那么，对于一个把其幸福建立在公众舆论亦即个人懒惰的基础上的时代，我们就必须认真地担忧这样一段时间真正是被杀害了，我是说，它被从生命真正解放的历史中勾销了。后代必须怀着怎样巨大的厌恶来对付这个时代的遗产，当时从事统治的不是活生生的人，而是徒具人形的舆论；所以，在某一遥远的后代看来，我们这个时代也许是历史上最非人的时期，因而是最模糊、最陌生的时期。我走在我们许多城市新建的街道上，望着信奉公众意见的这一代人为自己建造的所有这些面目可憎的房屋，不禁思忖，百年之后它们将会怎样地荡然无存，而这些房屋的建造者们的意见也将会怎样地随之倾覆。与此相反，所有那些感觉自己不是这时代的公民的人该是怎样地充满希望；他们若不是这样的话，他们就会一同致力于杀死他们的时代，并和他们的时代同归于尽——然而，事实上他们宁愿唤醒时代，以求今生能够活下去。

可是，就算未来不给我们以任何希望吧——我们奇特的存在正是在这个当下最强烈地激励着我们，要我们按照自己的标准和法则生活。激励我们的是这个不可思议的事实：我们恰恰生活在今天，并且需要无限的时间才得以产生，我们除了稍纵即逝的今天之外别无所有，必须就在这个时间内表明我们缘何和为何恰恰产生于今天。对于我们的人生，我们必须自己向自己负起责任；因此，我们也要充当这个人生的真正舵手，不让我们的生存等同于一个盲目的偶然。我们对待它应当敢作敢当,勇于冒险,尤其是因为,无论情况是最坏还是最好,我们反正会失去它。为什么要执着于这一块土地、这一种职业,为什么要顺从邻人的意见呢?恪守几百里外人们便不再当一回事的观点,这未免太小城镇气了。东方和西方不过是别人在我们眼前画的粉笔线,其用意是要愚弄我们的怯懦之心。年轻的心灵如此自语:我要为了获得自由而进行试验;而这时种种阻碍便随之而来了:两个民族之间偶然地互相仇恨和交战,或者两个区域之间横隔着大洋,或者身边有一种数千年前并不存在的宗教被倡导着。它对自己说:这一切都不是你自己。谁也不能为你建造一座你必须踏着它渡过生命之河的桥,除你自己之外没有人能这么做。尽管有无数肯载你渡河的马、桥和半神,但必须以你自己为代价,你将抵押和丧失你自己。世上有一条唯一的路,除你之外无人能走。它通往何方?不要问,走便是了。"当一个人不知道他的路还会把他引向何方的时候,他已经攀登得比任何时候更高了。"[1]说出这个真理的那个人是谁呢?

然而,我们怎样找回自己呢?人怎样才能认识自己?他是一个幽暗的被遮蔽的东西;如果说兔子有七张皮,那么,人即使脱去了七十乘七张皮,仍然不能说:"这就是真正的你了,这不再是外壳了。"而且,如此挖掘自己,用最直接的方式强行下到他的本质的矿井里去,这是一种折磨人的危险的做法。这时他如此容易使自己受伤,以至于无医可治。更何

---

[1] 克伦威尔语。

况倘若舍弃了我们的本质的一切证据,我们的友谊和敌对,我们的注视和握手,我们的记忆和遗忘,我们的书籍和笔迹,还会有什么结果呢?不过,为了举行最重要的审问,尚有一个方法。年轻的心灵在回顾生活时不妨自问:迄今为止你真正爱过什么,什么东西曾使得你的灵魂振奋,什么东西占据过它同时又赐福予它?你不妨给自己列举这一系列受珍爱的对象,而通过其特性和顺序,它们也许就向你显示了一种法则,你的真正自我的基本法则。不妨比较一下这些对象,看一看它们如何互相补充、扩展、超越、神化,它们如何组成一个阶梯,使你迄今得以朝你自己一步步攀登;因为你的真正的本质并非深藏在你里面,而是无比地高于你,至少高于你一向看作你的自我的那种东西。你的真正的教育家和塑造家向你透露,什么是你的本质的真正的原初意义和主要原料,那是某种不可教育、不可塑造之物,但肯定也是难以被触及、束缚、瘫痪的东西:除了做你的解放者之外,你的教育家别无所能。这是一切塑造的秘诀:它并不出借人造的假肢、蜡制的鼻子、戴眼镜的眼睛——毋宁说,唯有教育的效颦者才会提供这些礼物。而教育则是解放,是扫除一切杂草、废品和企图损害作物嫩芽的害虫,是光和热的施放,是夜雨充满爱意的降临,它是对大自然的摹仿和礼拜,在这里大自然被理解为母性而慈悲的;它又是对大自然的完成,因为它预防了大自然的残酷不仁的爆发,并且化害为利,也因为它给大自然那后母般的态度和可悲的不可理喻的表现罩上了一层面纱。

当然,或许还有别的方法能使人找到自己,摆脱他一向如同飘浮在乌云里一样的那种麻木状态而回到自己，但是，我不知道还有什么方法能比省悟他的教育家和塑造家更好。所以，今天我要纪念一位导师和育人大师，我是应当引以为荣的，他就是**阿尔都尔·叔本华**[1]——为了以后再纪念别的导师。

1　叔本华（Arthur Schopenhauer，1788—1860），德国哲学家，主要著作为《作为意志和表象的世界》。

二、回归简单和诚实

> 兼顾独特天赋和全面能力的发展,培养完整的人。学者盲目地为科学献身,人性被弄得枯竭。叔本华教我在思想上和生活中回归简单和诚实,也就是不合时宜。叔本华是真诚的,因为他是为自己写作,此外他还是欢快的、坚韧的。

倘若我想描述初次读到叔本华的著作对于我是怎样的事件,则请允许我在一个想象上稍作停留,在我的青年时代,这想象是如此经常而且迫切,非其他的想象可比。当我那时候耽于各种异想天开的愿望时,我尝想,但愿命运会替我解除掉自我教育的可怕烦劳和责任,我会适时地找到一位哲学家做老师,一位真正的哲学家,人们能毫不犹豫地听从他,因为人们信任他将超过信任自己。接着我自问:他循之教育你的原理会是怎样的呢?我又思忖,他对我们时代流行的两种教育原则会说些什么。一种原则要求,教育家应该立即发现其学生的固有长处,然后向之倾注全部力量、养料和全部阳光,以帮助他将这个长处发展成熟,结出硕果。与此相反,另一种原则要求,教育家应该培育、关心现有的全部能力,使它们彼此形成和谐的关系。可是,难道我们要强迫一个显然有锻金艺术天赋的人学习音乐吗?我们要授权给切利尼[1]的父亲吗,他一再逼他的儿子学"可爱的小号",而这个儿子却称之为"该死的吹管"?在表现得如此强烈和确定的天资身上,我们不会说这是正确的;那么,这个和谐培养原则也许仅仅适用于较弱的天性,这类人身上虽然交织着众多的需要和倾向,但是无论整体地看还是个别地看,它们都不具有重要意义?然而,我们究竟到哪里去寻找一个人,他身上有着和谐的整体和多声部的协奏,我们在何处能惊叹一种和谐,竟超过一个像切利尼这样的人所具有的,在他身上,认识、欲望、爱和恨,一切都涌向一个中心,涌向一个根本的力,正是通过这个活的中心的强有力的支配地位,一个和谐的动力系统才得以在上下左右形成?那么,两种原则也许并非对立的?也许其一仅是说,每个人应该是一个中心,另一仅是说,他也应该有一个圆周?我所梦想的那位教育家兼哲学家不但要善于发现中心之力,而且要懂得防止这个力对其余的力发生破坏作用。毋宁说,正如我认为的,他的教育任务在于把那个整体的人培养成一个活的运动着的太阳和行星的系统,并认识其更高级的驱动机制的规律。

当时我未遇见这样的哲学家,我试试前一种原则,试试

---

1 切利尼(Benvenuto Cellini,1500—1571),意大利佛罗伦萨天才的金饰匠、雕刻家。

后一种原则；我发现，与希腊人和罗马人相比，我们现代人显得多么可怜，哪怕只是在对教育任务的认真严肃的理解上。我们不妨心怀这样一种需要走遍德国，特别是所有的大学，绝不会找到我们要寻找的东西；即使卑微和简单得多的愿望在这里也始终不能满足。譬如说，在德国人中谁若想认真地把自己培养成一个演说家，或者谁若想进一所作家学校，他不可能找到导师和学校；在这里，人们似乎未尝想到，演说和写作是一门艺术，若无最细心的指导和最艰辛的学徒期便不能学得。然而，在对于教育家和教师的要求上，我们时代的人既吝啬又愚昧，没有什么比这更清楚、更可耻地暴露了他们的夜郎自大。甚至在我们最优秀、受过最好教育的人那里，顶着家庭教师名义的一切即已使人满足，怎样的怪僻头脑和迂腐课程的大杂烩常常被称作文科学校，当作宝贝；而与把一个人培养成人这个任务的困难性相对照，作为最高教育设施、作为大学的东西又怎么能使我们大家满足——什么样的领导人，什么样的机构！即使是德国学者们借以向他们的科学进军的那种令人惊叹的作风，主要也是表明了他们这样做时关心科学甚于关心人性，他们如同一支敢死队受命为科学做出牺牲，以吸引新的一代前仆后继。科学工作如果不受更高的教育原则指导和限制，而只依据"多多益善"的信条一发而不可收，便必定会损害学者，就像 laisser faire（放任主义）的经济原则会损害整个民族的道德品质一样。谁还懂得学者的培养是一个最困难的问题，他们的人性是不应该被割舍和弄得枯竭的——而要能够正视这一问题的困难性，我们不妨观察一下大量的标本，那些人盲目地、过早地为科学献身，从而以一个驼背为其特征。可是，尚有一个更重要的证据，一个更重要、更可怕，尤其是普遍得多的证据，证明了我们缺乏任何高级的教育。如果我们很容易明白，为什么现在培养不出一个演说家、一个作家——正因为没有培养他们的教育家；如果我们同样很容易明白，为什么现在一个学者必定会被扭曲，会变得怪僻——因为是科学，从而是无人性的抽象物在培养他——那么，我们最终要问：对于我们全体来说，不论是学者或非学者，高贵者或卑贱者，我们同时代人之中的道德楷模和名望究竟在哪里，我们时代一切创造性道德的有目可睹的典范究竟在哪里？一切时代的任何高尚的交往都致力于深入思考道德问题，这种深入思考到哪里去了？现在不再有这样的名望和深思了；我们事实上在消耗我们的祖先所积累的道德遗产，我们对之不图增殖，只知挥霍；对于我们社会中的这类事情，我们或者讳莫如深，或者用一种自然主义的生硬空洞的方式谈论，这种方式适足令人反感。结果，我们的学校和教师完全无视道德教育，或满足于形式主义。德行乃是一句空话，教师和学生对之一无所思，一句过时的空话，人们对之加以嘲笑——如果不嘲笑就更糟，因为那样人们就弄虚作假。

要解释整个道德力量的这种乏弱和低落，是困难而复杂的；无论谁注意到上升时期的基督教对于我们古代世界的品德的影响，就都不会忽视正在没落的基督教在我们时代的相反作用，以及它越来越可能的命运。靠了它的高超理想，基督教超越了古代的道德体系以及人皆有之的自然本性，以至于人们对这种自然本性麻木甚至厌恶了；可是后来，当他们尽管仍然知道，却无能达到更好更高的境界之时，不管他们多么愿意，他们已经不再能回到原来那个次好次高的境界，亦即那种古代的美德了。徘徊在基督教和古代之间，恐吓或欺骗的基督教道德和怯懦拘谨的仿古风尚之间，现代人活得很尴尬；从先辈继承来的对自然本性的畏惧以及这种自然本性重又焕发出的吸引力，在不论何处获得一个支柱的渴望，蹒跚在次好与更好之间的认识能力的疲软，这一切在现代人的心灵中造成了一种不安、一种迷乱，注定它一事无成，郁郁寡欢。未尝有过一个时代，比现在更需要道德教育家，也未尝有过一个时代，比现在更难找到这样的教育家；在瘟疫流行的时代，医生既是最被人需要的，同时也是最易受害的。现代人到哪里去找这样的医生，自己如此健康，如此稳固地用自己的足站立，因而竟还能支撑并且伸手援引别人？在我们的时代，最优秀的人格也被阴郁的氛围笼罩着，他们胸中进行的伪装与诚实的交战使他们陷入了永恒的烦恼，不敢信任自己——因此他们完全没有能力做别人的指路人和导师。

所以，当我幻想自己能找到一个真正的哲学家做老师时，我简直是异想天开，我想象他能够使我超越时代的不足，教我在思想上和生活中回归**简单**和**诚实**，也就是不合时宜，这个词要按照其最深刻的意义来理解；因为现在人们已经变得如此复杂，以至于只要他们想说话、发表意见和据之行动时，他们便必然会不诚实。

正是在这样的困苦、需要和渴求中，我结识了叔本华。

我属于叔本华的那样一些读者之列，他们一旦读了他的第一页书，就确知自己会读完整本书，倾听他说的每一句话。我一下子就信任了他，现在这信任仍像九年前[1]一样坚定。我之理解他就像他是为我写的一样——这样表达是为了清晰，虽则会显得狂妄和笨拙。原因在于，我在他那里从未发现过似是而非之论，尽管在这里那里会发现小小的谬误。似是而非之论是什么呢，倘若不是那样一些意见，它们不能引起信任，原因是作者自己也并不真正相信它们，只是想用它们来哗众取宠，大出风头？叔本华从来不想出风头，因为他是为自己写作的，没有人甘愿受骗，尤其是一位为自己立此法则的哲学家：不要欺骗任何人，绝对不要欺骗你自己！他甚至不说那种讨人喜欢的社交式假话，那是几乎一切交往都带有的，而且被作家们近乎无意识地模仿着的；更不玩演讲台上的比较有意识的欺骗以及人为造作的修辞手法。叔本华是在对自己说话，或者，倘若人们一定要设想一个听众，就不妨设想一个在听父亲教诲的儿子。这是一场恳切、直率、善意的谈话，诉诸一个怀着爱心倾听的听者。我们太缺少这样的作家了。当这位言说者刚刚吐出第一个音，他的强烈的快意便已笼罩我们；我们宛如走进高山上的森林，我们深深地呼吸，立刻感到通体舒畅。我们觉得，这里处处是使人强健的空气；这里有一种不可模仿的无拘无束和自然而然，正如那些以自

---

1 尼采初次读叔本华著作在写作本书的九年前，即1865年。

己的心灵为家宅,并且拥有一所极其富裕的家宅的人所感觉的一样。与此相反,有些作家为了显示机智而故意出语惊人,他们的演讲因此而有一种不安静、不自然的风格。当叔本华说话时,我们同样也不会想起那些学者,他们生就一副僵硬而不灵活的躯体,心胸狭窄,所以笨拙、窘迫或者做作地从那里走来;另一方面,叔本华的粗糙的、有点儿像熊一般的灵魂岂不使我们既怀念又鄙弃法国优秀作家的灵巧高雅的妩媚?在他那里无人能发现模仿来的、仿佛镀了银的伪法国风格,这种风格是德国作家十分引以为自豪的。叔本华的表达这里那里偶尔会使我想起歌德,但绝不会使我想起德国模式。因为他善于质朴地说出深刻的真理,没有华丽辞藻却抓住了听众,不带学究气却表达了严密的科学理论,他从哪个德国人那里学得到这等本事呢?他也拒斥莱辛那种尖刻的、过于活泼的以及——假如允许这么说的话——相当非德国的风格,这是怎样伟大的功劳呵,因为在散文写作方面,莱辛是德国人中最有诱惑力的作者。为了立刻说出我对他的写作态度所能说的最高感受,我要引用他自己的话:"一个哲学家必须极其诚实,以至于不利用任何诗意的或修辞的辅助手段。"把诚实当一回事甚或一种德行,这在公共舆论的时代当然属于被禁止的个人意见;所以,当我重复说叔本华作为作家也是诚实的之时,我并不是在赞美他,而只是在描述一个事实;诚实的作家如此之少,因而人们的确应该对一切搞写作的人报以不信任。我只知道一位作家,在诚实方面我认为他可以和叔本华并肩媲美，甚至略胜一筹：他就是蒙田[1]。有这样一个人写过东西，真可增加我们在尘世生活的兴趣。至少对我来说，自从结识这颗最自由强健的灵魂以后，我的情况就如他谈到普鲁塔克时说的那样："只要看他一眼，我就长出了一条腿或一张翅膀。"倘若所面临的任务是在尘世安家，那么，我但愿与他为伍。

除了真诚之外，叔本华与蒙田还有第二个共同之处：一种真正的富有感染力的欢快。Aliis laetus, sibi sapiens（对他人兴致勃勃，对自己通情达理）。有两种很不相同的欢快。真正的思想家永远使人欢欣鼓舞，不管他所表达的是他的严肃还是他的玩笑，是他的人性的洞见还是他的神性的宽容；没有阴郁的表情、颤抖的双手、噙泪的眼睛，而是明确而单纯，勇敢而有力，也许带一些强硬的骑士风度，但始终是作为一个胜利者。而使人最深刻最发自内心地欢欣鼓舞的事情就是，看见一位得胜的神站在被他打败的所有巨怪旁边。反之，在平庸的作家和刻板的思想家那里，人们有时候也能读到一种欢快，可是它只会使我们这样的人觉得可怜，譬如说，就像我对大卫·施特劳斯[2]的欢快所感觉到的。拥有这样一种欢快的同时代人，令我们异常惭愧，因为他们在后代那里丢尽了我们和我们的时代的脸。这种乐天派完全看不见苦难和巨怪，

1　蒙田（Michel de Montaigne，1533—1592），法国作家，传世作为《随笔集》三卷。

2　大卫·施特劳斯（David Friedrich Strauss，1808—1874），德国哲学家、神学家，代表作为《耶稣传》。

而他们作为思想家本应看见它们并与之斗争的；所以他们的欢快令人不快，因为它是骗人的，它企图诱使人们相信在这里赢得了一场胜利。归根到底，哪里有胜利，哪里才有欢快；而这一点既适用于真正思想家的作品，也适用于一切艺术作品。即使内容也许始终可怕严肃，恰如人生问题之真相，但只有当半吊子思想家和半吊子艺术家在作品上散布自身缺点的阴云时，作品才会使人感觉压抑，受到折磨；相反，一个人可以获得的最快乐、最好的享受，莫过于接近那样的胜利者了，由于他们思考过最深刻的道理，所以必然喜爱最生气勃勃的事物，终于作为智者皈依于美。他们真正在言说，他们不语无伦次，也不人云亦云；他们真正在活动，在生活，不像别人习以为常的那样，幽灵似的戴着面具过日子。所以，与他们接近，我们真正感到亲切而自然，我们要像歌德那样欢喊："生气勃勃的事物何其辉煌珍贵！与之相处令人感到何其踏实，何其真实，何其实在！"[1]

我所描述的无非是叔本华给我留下的近于生理性的第一印象，一个自然生长物的最内在力量向另一自然生长物的魔术般的涌流，这涌流在它们乍有了极轻微的接触时便立即发生了；而当我事后分析这个印象时，我发现它是由三种因素混合而成的，即他的真诚、他的欢快、他的坚韧这三个印象。他是真诚的，因为他是对自己说话，为自己写作；他是欢快的，因为他借思想而战胜了最艰难的事物；他是坚韧的，因

---

[1] 语出歌德《意大利游记》。

为他不得不如此。他的力量就像无风时的火苗，笔直轻盈地向上，坚定不移，毫无颤动或不安的迹象。他在任何场合都能找到自己的路，而我们却并未觉察他曾经寻找；他如同受了重力规律的驱迫似的走来，如此沉着而又灵活，如此无可避免。有谁感悟到在我们当代的非驴非马人性（Tragelaphe-Menschheit）[1]中，一旦找到一个完整和谐、依于自己的枢轴转动、不受拘束和阻碍的自然生灵，这将意味着什么，他就会理解我发现叔本华时所感到的幸福和惊奇了。我明白，在他身上，我已找到我苦苦寻找的那个教育家兼哲学家了。尽管我找到的只是书籍，而这确实是一个极大的遗憾。于是，我便愈加努力地透过其书去看和想象活生生的其人，我读到了他的伟大遗嘱，他遗言唯有这样的人才能成为他的继承者，这些人不仅愿意和能够做他的读者，而且愿意和能够做他的儿子以及弟子。

---

[1] 非驴非马，原文 Tragelaphe，为希腊传说中一种名叫牛鹿的动物，尼采以此讽刺当代人的人性是拼凑的、混杂的。

三、叔本华的范例

  叔本华生长过程中的三种危险：孤独；对真理的绝望；否定此岸。哲学家必定被专制力量仇恨，被误解之网包围。叔本华的伟大之处是站在整幅生命之画面前，解释它的完整意义，其他人却致力于研究画布和颜色。伟人只是时代的养子，他在自己身上战胜了时代。

我重视一个哲学家，仅仅因为他提供了一个范例。毫无疑问，他能够通过范例吸引整个民族；印度的历史业已证明了这一点，它几乎就是印度哲学的历史。然而，范例要靠光明磊落的生活，而不能单靠书本来提供，准此，正如希腊哲学所教导的，靠表情、风度、衣着、饮食、习性要超过靠言论甚或写作。在我们德国，哲学生活却完全缺乏这种光明磊落的勇气；在这里，精神似乎早已解放，身体的解放却姗姗来迟；而倘若所获得的无约束状态——它本质上是有创造力的自我约束——未被日常的每一举目投足重新证明，所谓精神的自由独立便只是空想。康德固守大学，服从政府，维持一种虚假的宗教信仰，容忍同事和学生中的相同信仰，既然如此，他的范例主要产生学院教授和教授哲学家，便是很自然的了。叔本华与饱学的冬烘们毫无干系，洁身自好，竭力独立于国家和社会——这就是他的范例、他的榜样——这里说的只是最表面的特征。可是，对于德国人来说，哲学生活之解放的许多层次尚属未知，这种情况不能长久延续下去了。我们的艺术家生活得勇敢而真诚；我们所目睹的最有力的范例理查德·瓦格纳表明，如果一个天才想使居于他身上的更高的秩序和真理彪炳天下，他就不可畏惧同现存的形式和秩序发生最敌对的冲突。然而，我们的教授们喋喋不休地谈论的"真理"似乎是一种恭顺的东西，我们不必担心它会有任何捣乱或出轨行为。它是一个随和的、讨人喜欢的东西，不厌其烦地认同一切现存的权势，任何人都不会因为它而遇到任何麻烦；是啊，它只是"纯科学"而已。所以，我要说，哲学在德国必须越来越淡忘"纯科学"的身份；而这正是叔本华其人的范例。

但是，他成长为这样一个人性的范例，是一个非同小可的奇迹，因为他不论内外都仿佛被巨大的危险包围着，它们足以毁掉任何一个较弱的造物。我曾经有一个强烈的印象，觉得叔本华其人将会毁灭，在最好的情形下，这可以使"纯科学"得以存留；但这仅是最好的情形，最可能的情形则是人和科学同归于尽。

对于生活在一个平凡社会里的非凡之人所面临的一般危

险，近世一位英国人[1]作如此描述："这种特异的性格一开始会屈从，然后会忧郁、生病，最后则是死亡。一个雪莱在英国尚且活不下去，一批雪莱的出现就更不可能了。"我们的荷尔德林[2]、克莱斯特[3]等人无不是毁于他们的这种非凡，忍受不了所谓德国教育的气候；唯有像贝多芬、歌德、叔本华和瓦格纳这样岩石般的天性才能站住脚。可是，即使在他们身上，许多特征和满面皱纹也显示了那令人筋疲力尽的斗争和挣扎的后果：他们的呼吸越来越沉重，他们的声音很容易过于粗暴。有一位老练的外交官，他和歌德只是匆匆见过一面，交谈过几句，便对他的朋友说：Voila un homme, qui a eu de grans chagrins！——歌德把这话译成了德语："这也是一个历经磨难的人！"他补充说："既然我们所克服的苦难和所从事的工作的痕迹未能在我们的面容上消失，那么，我们和我们的努力所剩有的一切都带着这痕迹，就并不奇怪了。"而这就是歌德，我们的文化市侩们却把他说成最幸福的德国人，以此证明一个人即使置身于他们之中也仍然可以是幸福的——言外之意是，谁若置身于他们之中感到不幸和孤独，就

1　指白哲特（Walter Bagehot），引文出自其所著《各民族的起源》一书。
2　荷尔德林（Friedrich Hölderlin，1770—1843），德国伟大诗人，生前无人理解，20世纪初才在德国被重新发现，并建立了世界性的声誉。尼采属于最早理解他的人之列。
3　克莱斯特（Heinrich von Kleist，1777—1811），德国剧作家、诗人。

绝不可原谅。他们由此甚至极其残酷地建立并在实践中解释一个教条：一切孤独中皆包含隐秘的罪恶。可怜的叔本华内心也的确有一个隐秘的罪恶，即高估他的哲学而小看他的同时代人；但他如此不幸，未能由歌德的榜样而懂得，他必须替他的哲学辩护，不惜一切代价反抗他的同时代人对它的漠视，以挽救它的生存；因为有一种宗教裁判检查，据歌德判断，德国人在这方面已经造诣很深；它叫作：牢不可破的沉默。借之至少已经做到了一点：使他的主要著作初版本的大部分只好捣成了纸浆。他的壮举将仅仅因为漠视而付诸东流，这一现实的危险使他陷入了可怕的、难以控制的不安；看不见哪怕一个值得重视的追随者。看到他追踪着任何一点表明自己已经出名的迹象，我们不禁感到悲哀；最后，他大声地、过于大声地欢呼，现在他真的有人阅读了——legor et legar（我正被人阅读，并仍将被人阅读），这欢呼几欲令人心碎。正是他身上那些与哲学家的尊严不相称的特征，勾画出了一个为自己最高贵财富担忧的受苦者的面貌；使他痛苦的是，他担心自己会失去不多的财产，从而不能继续保持他对哲学的那种纯粹的、真正古典的态度；他寻求对他完全信任和同情的人，却总是落空，因而一再目光忧郁地回到他那条忠实的狗身边。他完完全全是一个隐居者；没有哪怕一个真正的知心朋友来安慰他——而在"一个"与"没有"之间，就像在"自我"和"虚无"之间一样，隔着无限遥远的距离。一个人只要拥有真正的朋友，哪怕全世界都与他为敌，他也不会知道什么是真正的孤独。——唉，我的确发现，你们不知道什么是孤独。何处存在着强大的社会、政府、宗教、舆论，简言之，何处有专制，则它必仇恨孤独的哲学家；因为哲学为个人开设了一个任何专制不能进入的避难所，一个内在的洞穴，一个心灵的迷宫，而这便激怒了暴君们。孤独者们在那里隐居，可是，那里也潜伏着孤独者们的最大危险。这些逃到内心中寻求其自由的人也仍然必须在外部世界中生活，因而露其形迹，为人所见；由于出生、居留、教育、祖国、偶然性以及他人纠缠，他们身处无数的人际关系之中；与此同时，人们假定他们也持有无数的意见，只因为它们是一些占统治地位的意见；每一个不置可否的表情都会被理解为赞同；每一个不干脆否决的手势都会被理解为肯定。这些精神上的孤独者和自由者，他们知道，人们总是把他们看作别有所求，而不是在思想：当他们一心追求真理和真诚之时，误解之网包围着他们；尽管他们心怀热切的渴望，却不能驱散笼罩在他们的行为上的偏见、牵强附会、假惺惺的让步、谨慎的沉默、曲解之浓雾。这使他们的额上布满了愁云，必须过一种虚假的生活，在这样的天性看来真是生不如死；而因此郁积的愤怒使他们变得暴躁不安、咄咄逼人。有时候，他们为了他们过分的自匿和被迫的自制而复仇。他们带着可怕的表情从他们的洞穴中爬出；而后他们的言行是爆炸性的，他们很可能毁在自己手上。叔本华就是这样生活着的。正是这样的孤独者需要爱，需要那样的同伴，在这些同伴面前他们可以像在自己面前一样自由自在，和这些同伴在一起他们不必再痉挛于沉默与伪装之间。你们夺走了这样的同伴，致使危险陡增；亨利希·冯·克莱斯特便毁于这无爱的生活了，而对付非凡之人的最可怕手段就是这样地把他们深深逼入自我之中，使他们的每一回复出都变得愈加狂暴。毕竟总是存在着一位半神，他承受住了在如此可怕的条件下生活，胜利地生活；倘若你们想听他的孤独之歌，就请听贝多芬的音乐吧。

这是笼罩于叔本华的生长过程的第一种危险：孤独。第二种是：对真理的绝望。这一危险伴随着每一个以康德哲学为出发点的思想家，只要他在受苦和渴望方面是一个更完整更有活力的人，而不只是一架啪嗒作响的思想机器和计算机器。现在我们都很明白，符合这个前提反倒是一件令人惭愧的事情；真的，在我看来，康德好像仅在极少数人身上深入了骨髓，化作了血肉。虽则我们频频读到，据说自这位沉静的学者发难以来，在一切精神领域都爆发了革命；但是，我并不相信这一点。因为从这些人身上我看不出此种迹象，在任何一个完整领域能够发生革命之前，他们自己本该首先被革命的。一旦康德开始发生一种广泛的影响，我们只能在一种具有腐蚀和瓦解作用的怀疑主义和相对主义的形式中有所觉察；唯有那些最活泼也最高贵的心灵，因为不堪忍受怀疑，在他们身上取代怀疑的便会是那种震撼以及对一切真理的绝望，例如正像亨利希·冯·克莱斯特读了康德哲学所感受到的。他曾经以他那种扣人心弦的风格写道："最近我认识了康德哲学——而我现在一定要向你传达其中的一个思想，并且无须害怕它会使你受到如此深刻而痛苦的震撼，一如我受到的那样。——我们不能断定，我们名之为真理的东西究竟真的是真理抑或只是我们觉得如此罢了。倘若是后者,则我们此生所积累的真理在死后便荡然无存了,而为获得一笔我们可以带入坟墓的财富的全部努力都是徒劳的。——如果这个思想没有刺伤你的心,那么,请不要嘲笑在最神圣的内心深处感到被它刺伤了的那个人。我的唯一目标、我的最高目标沉落了,我一无所有了。"是的,何时人们又能像克莱斯特这样自然地感受,何时他们又主要凭自己"最神圣的内心深处"来衡量一种哲学的意义?而这是极其必要的,如此方能估计,在康德之后,正是叔本华对于我们能是什么——是一位向导,他带领我们走出怀疑主义的不满或批判哲学的无为之洞穴,登上悲剧观照之天穹,那浩渺无际地绵亘在我们头顶之上的繁星闪烁的夜空,而作为先行者,他为自己指引了这条路。他站在整幅生命之画面前,解释它的完整的意义,这便是他的伟大之处;而那些太机敏的头脑却不能摆脱一种谬见,以为只要详尽地研究画这幅画所用的颜色和材料,就已经在接近对画意的解释了;其成果也许是指出,面前有一块纵横交错编织成的亚麻画布,上面有一些无法弄清其化学成分的颜料。为了理解一幅画,必须对画家有所了解——叔本华懂得这一点。然而,现在整个科学行业却都致力于了解那画布和颜料,而不是理解画本身;的确可以说,一个人唯有统观生命和存在的整体画面,才能利用具体科学而又不受其害,因为没有这样一幅指导性的整体图画,它们就仅是一些绝不能引导我们达于终点的线条,只会使我们的生命历程越发迷离混乱。如上所述,叔本华的伟大之处就在于,他追踪这图画,一如哈姆雷特之追踪幽灵，不像学者那样舍本求末，也不像狂热的辩证法家那样沉湎于概念的经院哲学。所以，对一切冒牌哲学家的研究之所以有意思，只是因为借之可以看到，在哲学的大厦中，他们立刻就陷在那样一些地方了，在那里他们得以博学地赞同和反对，得以苦思、怀疑和辩驳，他们因此而违背了每种伟大哲学的要求，即作为整体始终只是说道：这是生命之画的全景，从中学知你的生命的意义吧。以及反过来：仅仅阅读你的生命，从中理解普遍生命的象形文字吧。而对叔本华的哲学也始终应该首先作如是解：个体化的，由个人仅仅为了自己而建立，以求获得对自己的不幸和需要、自己的局限之洞察，并探究克服和安慰的手段，它便是弃绝自我，服从最高贵的目标，首先是正义和怜悯之目标。他教导我们在人类幸福的真实促进与虚假促进之间做出区分：不论财富、名声还是学问都不能使个人摆脱对其人生之无价值的深深烦恼，对这些东西的追求唯有靠了一个高尚的光芒普照的总体目标才有意义，这就是获取权力，借之补救躯体，成为对躯体之愚昧和笨拙的永恒矫正。尽管一开始也只是为了自己，但通过自己最终是为了一切人。当然，这一努力骨子里是导向听天由命的：因为归根到底，无论在个人还是在人类，有什么东西，又在多大程度上还能被改善呢！

当我们把这些话用在叔本华身上时，我们恰好触及了他面临的第三种也是最特殊的一种危险，它隐藏在他的天性的整个建筑和骨骼中。每个人都常常会发现自己的局限性，不论是在他的天赋方面还是在他的精神意愿方面，而这局限性使他充满渴望和忧伤；正像他出于罪恶感而渴望成为圣徒一样，作为理智的存在物，他也怀着成为天才的至深愿望。一切真正文化的根子就在这里；而一旦我在其中悟出了一个人想使自己作为圣徒和天才转世的渴望，我便明白，人们不必是佛教徒就可以理解这个神话。在学者圈子里或在所谓有教养人士中，只要发现不带此种渴望的天赋，我们就会反感和厌恶；因为我们预感到，这种人由于其整体的精神素质，不但无助于反而阻碍了文化的发展和天才的产生——后者正是一切文化的目的。这是一种僵化状态，其价值相当于那种平庸、冷漠、自以为是的品德，这种品德与真正的圣洁也是风马牛不相及的。叔本华的天性包含着一种罕见的、极其危险的二重性。很少思想家如此适度而又无比明确地感觉到天才在自己身上活动；而他的天才向他预示了最高的成就——没有任何辙沟比他的犁铧在现代人类之土地上划出的更深了。他如此充分地了解自己天性的一半，不受欲望的支配，他如此伟大尊严地担负着一个胜利的完成者的使命。他的另一半则满怀热烈的渴望；我们知道这一渴望，因为我们听说，当他看到 La Trappe（特拉普修道院）的伟大创立者朗塞[1]的雕像时，目光痛苦，转身说道："这是仁慈的事业。"天才更深地渴望神圣，因为他站在他的瞭望台上，比常人看得更远更清楚，

---

[1] 朗塞（Armand-Jean Le Bouthillier de Rance, 1624—1700），法兰西天主教教士，任特拉普修道院院长时厉行严格的戒律，影响很广。

看到了认识与存在的和解，看到了那个和平的、否定了意志的领域，看到了印度人所说的彼岸。但是，奇迹恰好在这里：叔本华的天性居然既没有被这渴望毁坏，也没有因此变得僵硬，它该是怎样地神秘莫测和坚不可摧。此中的意味，每个人都将按照自己的本性和容量来理解。不过，我们中没有人能够完全地、充分地理解他的天性。

我们愈是深思上述三种危险，便对此愈是惊奇：叔本华以何等充沛的精力抵御了它们，他从战斗中返回时又是何等健康正直。尽管带着许多疤痕和明显的伤口；而且他的声音也许有些干涩，有时还太富于挑衅性。他自己的理想甚至超过了最伟大的人。不管有多少伤疤和瑕疵，叔本华肯定可以成为一个榜样。是的，我们不妨说：正是他身上那种不完美的、太人性的东西，吸引我们在最人性的意义上和他靠近，因为我们把他看作一个受苦者和难友，而不只是一个凛然不可近的天才。

威胁着叔本华的这三种由素质造成的危险，同样也威胁着我们所有人。每个人在自身中都载负着一种具有创造力的独特性，以作为他的生存的核心；而一旦他意识到了这种独特性，他的四周就会呈现一种非凡者特有的异样光辉。对于大多数人来说，这是难以忍受的：因为如上所述，他们是懒惰的，而在那种独特性上则系着一副劳苦和重任的锁链。毫无疑问，对于戴着这副锁链的非凡之人来说，生命就丧失了一个人在年轻时对它梦想的几乎一切，包括快乐、安全、轻松、名声，等等；孤独的命运便是周围人们给他的赠礼；无论他想在哪里生活,那里立刻就会出现荒漠和洞穴。现在他必须留神,切勿因此而屈服,变得愁眉苦脸,意气消沉。为此他不妨在自己周围摆上勇敢卓绝的战士们的肖像,叔本华便是其中之一。可是,威胁着叔本华的第二种危险也并不罕见。到处都有一种天生目光敏锐的人,其思想偏爱走辩证的双轨道;如果他不慎失去了对自己天赋的控制,那么,他就很容易毁掉自己的人性,从此几乎只在"纯科学"中过一种幽灵般的生活;或者,由于他习惯于在事物中寻求支持和反对的证据,就变得从根本上怀疑真理,只好没有兴致和信任地活着,总是在否定、质疑、破坏、不满,希望刚刚露头,失望就接踵而来:"即使一条狗也不愿意这样生活下去!"[1]第三种危险是僵化,包括道德上和智力上;一个人扯断了联结他和他的理想的纽带;他在相应的领域内不再生长和结果,他在文化的意义上变得贫弱或无用。他的天赋的独特性变成了不可分、不可传达的原子,变成了冷却的岩石。一个人可能毁于这个独特性,正如可能毁于对这独特性的畏惧一样,毁于自我和自我的放弃,毁于渴望和僵化。说到底,活着就意味着冒险。

除了因叔本华所赋有的整体素质导致的这些危险外,不论他生活在哪个世纪——还存在着由他的时代加于他的危险;为了把握叔本华的天性的示范和教育意义,对素质性危险和时代性危险加以区分是很重要的。让我们想象一下这位哲学

1　语出歌德《浮士德》第一部。

家巡视存在的眼睛：他试图重新确立其价值。因为做事物之尺度、货币、重量的立法者，乃是一切伟大思想家的真正使命。他一开始所看到的人类竟是一颗弱小并且虫蛀的果实，这必定使他遭受了怎样的挫折！为了对存在公正，他必须把多少东西添加到现代的无价值上面！如果说研究先辈或异族的历史很有价值，那么，对于哲学家就尤其如此，他要给整个人类命运下一正确的判断，因而不只是平均的命运，而首先是个人或整个民族可能获得的最高命运。然而，现在种种现代事物近在眼前，影响和支配着眼睛，哪怕这位哲学家并不愿意；于是在算总账时，它们就被不由自主地高估了。所以，哲学家必须在与别的时代的区别中估价他的时代，并且，当他为了自己而克服当代性时，也必须在他所描绘的生命之画中克服当代性，亦即使之难以辨认，仿佛被涂盖住了。这是一项艰巨的，甚至近乎不可能的任务。古希腊哲学家们关于存在价值的判断远比现代人的判断有内容，因为他们看到和亲历的生活本身就十分绚烂丰满，他们也不像我们的思想家，其感觉会因求生命的自由、美、伟大的愿望和求真理——它只问存在究竟有何价值——的冲动，因两者的分裂而迷离失措。恩培多克勒[1]生活在希腊文化生命力最旺盛充溢的时代，知道他关于人生说了些什么，对于一切时代始终是很重要的；他的话一言九鼎，在那个伟大的时代，其余任何一

---

1 恩培多克勒（Empedocles，约公元前495—前435），古希腊哲学家，其生平富有传奇色彩。

个大哲学家都没有说过一句与之相忤的话。他只是说得最明白而已，可是实质上——只要张开耳朵倾听，他们全都说过同样的意思。如上所述，一个现代思想家总是受那未实现的愿望折磨，他会要求人们首先向他重新显示生命，真正的、血红的、健康的生命，随后他才能对之下自己的判决。他坚持认为，至少他自己，在自信能够做一个公正的判官之前，必须先成为一个活生生的人。现代哲学家之所以属于生命和求生命的意志的最积极支持者之列，他们之所以从其疲惫的时代渴望一种文化，一种神化的肉体，原因就在于此。但是，这种渴望也是他们的危险，在此渴望中，生命的革新者与哲学家——亦即生命的判决者——进行着搏斗。不管谁胜谁负，将都是一种同时包含着失败的胜利。叔本华怎样逃避这种危险呢？

如果每一个伟人都宁愿被视为他的时代的嫡子，始终比一切普通人更加强烈和敏感地因时代的种种缺陷而痛苦，那么，这样一个伟人反对其时代的斗争似乎只是反对他自己的一场荒唐的自杀性斗争。不过，仅仅似乎如此；因为在时代之中，他反对的是那阻碍他成其伟大的东西，对他来说，成其伟大也就是自由地、完全地成为他自己。因此，他的矛头所指正是那种虽然在他身上，却并不真正属于他的东西，亦即那种把不可混同、永远不可统一的东西掺和在一起的做法，那种把时代特征错误地焊接到他的不合时宜的天性上去的做法；所谓时代之子终于显出原形，原来只是时代的养子。从少年时期起，叔本华就已经反抗时代这个虚假、浮华、渺小的母亲，他仿佛把她从自己心中赶走，借此而使自己的生命得以净化和升华，在原本属于他的健康和纯洁中找回了自己。所以，叔本华的作品可以用作时代的镜子；如果在它上面一切时代特征被清晰地显现为把人扭曲的病态，诸如消瘦和苍白，空虚的眼神和疲惫的面容，因养子身份所受的苦难，那么，责任绝不在镜子不好。在他身上，对坚强的天性、对健康单纯的人性的渴望也就是对自身的渴望；一旦他在自己身上战胜了时代，他就必定瞪着惊奇的眼睛，同时在自己身上发现了天才。此时此刻，他的本性的秘密向他揭晓了，时代这个后母向他隐瞒他的天才的企图被挫败了，神化的肉体之王国被发现了。现在，当他把无畏的目光投向"生命究竟有什么价值"这个问题时，他不必再谴责混乱苍白的时代及其伪善暧昧的生活了。他胸有成竹，知道在这个世界上能够找到并且实现比这种时行生活更高尚纯洁的生活，而凡是仅仅依据这种丑恶的形态认识和评价存在的人，都对存在做了极不公正的事。不，现在天才已被唤醒，要看一看它，生命的最高果实，能否为一切生命进行辩护；光荣的创造者理应回答这个问题："你发自内心地肯定这存在吗？它使你满意吗？你愿做它的辩护人和拯救者吗？因为只要从你口中说出一声诚心诚意的'是的！'——这深受诅咒的生命就能得到解放。"——他会怎样回答呢？——恩培多克勒的答案。

四、负着人的形象上升

> 我们时代普遍的匆忙是文化整个被连根拔起的征兆,世界从来不曾如此世俗化。面对人性所遭受的危险,负着人的形象上升。伟人和小人物的区别在于,不愿在涉及自己的事情上自欺和受骗,一定要深入存在的底蕴,追问为何活着的问题。

我暂且不去解释上节末尾的提示,现在我要谈一点很好懂的东西,即解释一下,我们大家怎样能够通过叔本华教育自己,以**对抗我们的时代**——因为我们拥有一个得以真正**认识这个时代**的有利条件。如果这是一个有利条件的话!无论如何,若干世纪后它便不可能再存在了。我愉快地想象,人类不久后就将厌倦阅读和作家们,有一天学者会深思并立下他的遗嘱,嘱咐将他的尸体同他的藏书,尤其是他本人的作品一起焚毁。而由于森林在日益减少,不拘何时岂不会迎来那样的时刻,必须把图书馆当作木柴和稻草处理?既然大多数书籍都产自头脑的烟雾,那么,它们活该还原为烟雾。它们自身中没有火,所以应该对它们施以火刑。很可能在将来某个世纪，我们这个时代也许会被视为 saeculum obscurum（黑暗年代）；因为人们最辛勤、最长久地用它的产品来点燃炉火。我们多么幸运，因为我们尚能学习认识这个时代。如果说研究自己的时代一般来说是有意义的，那么，得以尽可能彻底地研究它，达到了对它毫无疑点的地步，这终归是一种幸福——而叔本华恰好为我们提供了这个可能。

当然，倘若这项研究证明，像我们时代这样自豪而充满希望的事物还压根儿不曾有过，幸福便会百倍地增长。目前，在世界的各个角落，尤其在德国，存在着准备相信这类鬼话的天真的人们，他们的确极其认真地谈论着什么这些年来世界已得改善，什么那种对人生怀抱沉重忧思的人已被"事实"驳倒之类的话。在他们看来，新德意志帝国的建立似乎是对一切"悲观主义"哲学的决定性的致命一击——对此是丝毫不容商量的。——在我们的时代，哲学家作为教育家意味着什么？谁想回答这个问题，他就必须对上述那种十分流行的，尤其在大学里备受宠爱的观点做出回答，并且应当这样回答：一种如此令人厌恶的、偶像崇拜式的对时代的谄媚，居然会出自并且传播于所谓可敬的思想家之口，这真是莫大的耻辱——它表明人们已经不再懂得，哲学的严肃距一份报纸的严肃有多么遥远。这样的人不仅把哲学的观念丧失殆尽，而且把宗教的观念也丧失殆尽了，取代它们的绝不是乐观主义，而是新闻主义，是日常生活和日报的精神和精神之缺乏。任何一种相信靠政治事件可以推开甚至解决存在问题的哲学，都是开玩笑的和耍猴戏的哲学。有史以来，国家频频被建立；这是一出老戏了。一次政治改革怎能使人类一劳永逸地成为心满意足的地球居民呢？不过，假如有人诚心诚意地相信这是可能的，那么，他应该去报到，因为他的确有资格到一所德国大学做哲学教授，就像柏林的哈姆斯（Harms）、波恩的于尔根·迈尔（Juergen Meyer）、慕尼黑的卡里埃（Carriere）[1]一样。

然而，在这里，我们领略了近来在所有屋顶下宣说的教条的后果，这种教条宣称国家是人类的最高目的，而对于一个男人来说，没有比效忠国家更崇高的义务了。我从中看到了一种倒退，不是退向异教，而是退向愚昧。这样一个以效忠国家为自己最高义务的男人，事实上的确可能不知道别的更高的义务；但是，正因为此，世上还存在着别样的男人和别样的义务——其中的一种义务，在我看来至少比效忠国家更高尚，便是要消灭各种形态的愚昧，也包括这一种愚昧。所以，我在此研究某一类型的男人，他们的目的论超越于一个国家的利益，研究一位哲学家，而研究他只是为了重获一个独立于国家利益的文化世界。人类的政治团体由许多纵横交错的环节组成，其中有些是真的金子，有些却是假的金子。

那么，这位哲学家是如何看待我们时代的文化的？当然和那些对自己的国家心满意足的哲学教授截然不同。当他思索着普遍的匆忙和越来越快的生活节奏，思索着一切悠闲和单纯的消失等现象时，他似乎已经觉察到了文化整个被连根

---

[1] 这三人均为当时德国大学里的教授。

拔起的征兆。宗教的潮水退落了，只剩下沼泽或池塘；民族又分崩离析，互相仇视和残杀。各门科学失去任何尺度，盲目地推行 laisser faire（放任主义），打破和瓦解了一切坚固的信仰；有教养阶层和国家被极其卑鄙的金钱交易拖着走。世界从来不曾如此世俗化，如此缺乏爱和善良。学者阶层不再是这整个动荡不宁世俗化潮流中的灯塔或避难所；他们自己也一天天变得不安，越来越没有思想和爱心。一切都在为日益逼近的野蛮效劳，包括今天的艺术和科学。有教养人士已经蜕化为教育的头号敌人，因为他们讳疾忌医。这些软弱可怜的无赖，一旦有人议论他们的弱点，反对他们那有害的自欺欺人，他们就暴跳如雷。他们很想让人相信，他们是前无古人的，他们动辄装出兴致勃勃的样子。他们佯装幸福的方式不乏动人之处，因为他们的幸福是如此难以捉摸。我们丝毫不想问他们，一如汤豪塞问彼特罗尔夫[1]："最可怜的人，你究竟乐什么？"唉，因为我们知道得更清楚，答案也很不同。冬日降临我们，我们住在高山之巅，危险而又贫困。每个欢乐都那么短暂，照临雪山沐浴我们的每束阳光都那么苍白。这时音乐声起，一位老者拨响古琴，舞者们翩翩而起——一个漂泊者目睹此景，为之战栗：一切都如此原始，如此与世隔绝，如此黯然无色，如此绝望，而现在其中却响起了一个欢乐的声音，无思无虑的响亮的欢乐！可是，夜幕已经悄然落下，乐声渐渐消逝，只听见漂泊者的嚓嚓的脚步声；

1　均为瓦格纳歌剧《汤豪塞》中人物。

他目力所及，除了大自然荒凉残酷的面貌，别无所见。

可是，如果说强调现代生活画面的线条之柔弱，色彩之暗淡，这未免片面，那么，那另一面无论如何也丝毫不令人鼓舞，相反愈发令人不安。那是某种力量，巨大的力量，然而是野蛮、原始、极其残酷的力量。人们怀着忧心忡忡的期待注视着它，犹如注视着巫婆施法现场的巫锅：它随时可能颤动闪亮，通报可怕的幻象。一百年来，我们对真正摇撼根基的震动已经有所准备；而近些年来，即使人们试图建立所谓民族国家的有组织的力量，以对抗行将崩溃或爆炸这一深刻的现代趋势，在相当长时间里，其结果仍只是增加了普遍的不安全和威胁。有些人举手投足都仿佛对这令人担忧的情景毫无所知，但这迷惑不了我们：他们的不安表明，他们对此了然于胸；他们忙碌而又专心地替自己打算，还未尝有人这么替自己打算过，他们为他们的日常生活惨淡经营，而追逐起幸福来绝不会像今天与明天之间所可见到的这样急切，因为到了后天，也许一切追逐的时机都将告终。我们正在经历一个原子时代，一个原子式混乱的时代。在中世纪，各种敌对力量被教会勉强聚集到了一起，并在教会施加的强大压力下在一定程度上彼此同化了。一旦束缚断裂，压力松弛，它们又互相敌对了。宗教改革宣布许多事情属于不置可否论（Adiaphora）[1]的范围，属于宗教思想不应过问的领域；这是

---

1 不置可否论，基督教神学中的一种观点，认为凡是《圣经》不指示也不禁止的教义和习俗，可以不置可否。

它自身得以生存的代价,就像在面对宗教气息浓得多的古代时,基督教业已付出相似的代价以保持其存在一样。从那时以来,裂口越来越大。现在,世上的一切几乎都仅仅由最粗俗邪恶的势力决定,由巧取豪夺者的利己主义和军事强权统治者决定。同巧取豪夺者的利己主义一样,被军事强权统治者把持的国家企图从自身的利益出发重新组织一切,成为所有那些敌对力量的束缚和压力。这意味着它想要人们对它实行同样的偶像崇拜,一如人们曾经对教会实行的那样。结果怎样呢?让我们拭目以待;无论如何,我们现在仍然处在中世纪的冰川激流中;它正在解冻,势如破竹,浩浩荡荡。冰块冲撞着冰块,一切堤岸都在被淹没和毁坏。革命势在必行,而且是原子的革命。然而什么是人类社会最小的不可分的基本粒子呢?

毫无疑问,这一时期来临时,人性所遭受的危险甚至还超过那处于混乱旋涡中的崩溃时期,充满焦虑的期待和贪婪的攫取引发了灵魂中的全部卑鄙和私欲。与此同时,现实的困境,尤其是一种共同承受的重大困境也在时时改善和温暖着人们。那么,面对我们时代的这种危险,谁将为了人性,为了由无数世代苦心积累的这神圣不可侵犯的庙堂珍宝,而奉献出他的卫士和骑士的忠诚呢?当所有人在自己身上只感觉到私欲的蠕动和卑劣的焦虑,就这样从人的形象堕落,堕落为禽兽甚至僵化的机械之时,谁将负着人的形象上升呢?

我们这个时代相继树立了三种人的形象,从他们的光景中,芸芸众生长期内仍将获得美化自己的生活的动力:这就是卢梭[1]型的人、歌德型的人和叔本华型的人。其中第一种形象如同熊熊的烈火，肯定具有最广泛的影响；第二种仅是为少数人准备的，那是一些静观的天性，拥有伟大的风格，却被多数人误解。第三种要求最活跃的人做它的观察者，只有这样的人能够直视它而不受伤害；因为它会把静观的人催眠，把大多数人吓跑。从第一种形象中产生了一种力量，这种力量发动过并且仍在发动激烈的革命；因为在一切社会主义的震颤和地震中，起作用的始终是卢梭型的人，他们像压在埃特纳火山下的堤丰[2]那样动荡不安。备遭傲慢的特权阶层和冷酷的财产的压迫，几乎被压碎，受到牧师和糟糕的教育的毒害，因可笑的习俗而自惭形秽，这个身陷困境的人便呼唤"神圣的自然"，他突然觉得它就像某一位伊壁鸠鲁的神那样远不可及。他的祈祷不能达到它，他陷于非自然的混乱中竟如此之深。他幸灾乐祸地扔掉所有五光十色的饰物，不久前他还把它们看作自己身上最具人性的东西，包括他的艺术和科学，他的优雅生活的好处，他捶打遮蔽着他、使他如此退化的四壁，朝着光明、太阳、森林和峭岩呐喊。他喊道："唯有自然是善的，唯有自然人是人性的！"这时他是如此自卑，渴望超越自己，一种情绪自灵魂深处最高尚珍贵的部分喊出，在此情绪中，灵魂已准备做出可怕的决定。

1　卢梭（Jean-Jacques Rousseau，1712—1778），法国哲学家、作家。
2　堤丰（Typhon），希腊神话中的巨人，与半人半蛇女怪厄喀德娜生了许多怪物，如斯芬克司等，宙斯把他压在埃特纳火山（Mount Etna）下。

歌德型的人缺乏如此逼人的力量，在一定意义上，他甚至起着校正和镇定那种危险的亢奋的作用，这种亢奋常使卢梭型的人奋不顾身。在其青年时代，歌德本人也满怀爱心地信奉善的自然之福音；他的浮士德是卢梭型的人的最高、最艺术的写照，至少就他描绘了这类人对生活的强烈饥渴，他们的不满和渴望，他们与内心的恶魔的交涉而言，即是如此。可是，让我们看一看，从所有这聚集的乌云中产生了什么——绝不是闪电！在这里显现的恰恰是人的一种新的形象，歌德型的人。我们也许以为，浮士德会因处处坎坷的生活的逼迫而成为永不知足的叛逆者和解放者，善意的否定力量，真正的近乎宗教式和恶魔式的颠覆的天才，与他的完全非恶魔气质的同伴正好相反，哪怕他注定摆脱不了这个同伴，不得不一边利用，一边蔑视其怀疑论的恶意和否定——正如这是一切叛逆者和解放者的悲剧命运一样。然而，当我们期待诸如此类的情形时，我们弄错了；歌德型的人在这里躲开了卢梭型的人；因为他厌恶一切暴力，一切跳跃——而这意味着：一切行动；于是，世界解放者浮士德仿佛脱胎成了一个世界漫游者。人生和自然的一切领域，一切历史、艺术、神话，一切科学，都眼看着这个不知足的观察者从自己身边一飞而过，至深的渴望激起又平息，连海伦也不能长久留住他——然后，他那善谑的同伴所等候的时刻必将来临。在世上一个可爱的地点，飞行停止了，翅膀垂落了，靡非斯特菲勒士在那里侍候。德国人一旦不再是浮士德，其最大的危险便是成为一个市侩，落入魔鬼之手——唯有上天之力才能把他解救出来。正如我说过的，歌德型的人是高贵风格的静观者，他若要在世上不受折磨，就必须把曾有和现有的一切伟大的和值得思考的事物都化作他的营养，如此生活着，哪怕这是一种充满渴求的生活；他不是行动者，相反，即使他在某一方面加入了行动者们的现成秩序中，我们也可断定不会有任何结果（例如歌德本人对戏剧的全部热心便是如此），尤其是不会有任何"秩序"被推翻。歌德型的人是一种保持和协调的力量——不过，如上所述，其危险是可能蜕化为市侩，就像卢梭型的人容易变成喀提林[1]式人物一样。他身上稍稍增加一些肌肉力量和天然野性，他的一切美德就会更加伟大。看来，歌德是知道他这类人的危险和弱点之所在的，他借雅尔诺（Jarno）之口对威廉·麦斯特（Wilhelm Meister）说道："您闷闷不乐，这很美也很好；如果您有一天发起火来，那就会更好。"[2]

的确，坦率地说，我们有一天发起火来，这很必要，事情就会变得更好。而在这方面，叔本华型的人的形象能够给我们以鼓舞。**叔本华型的人甘愿为真诚而受苦**，这种苦难有助于他戒掉自己的任性，准备好彻底改造和转变自己的本性，实现这一改变乃是生命的真正意义之所在。在有些人看来，

---

[1] 喀提林（Catiline，约公元前108—前62），罗马共和国末期的贵族，在竞选执政官失败后发动暴动，被西塞罗镇压。

[2] 语出《威廉·麦斯特的学习时代》，雅尔诺、威廉·麦斯特皆为该小说中人物。

这样道破真理是心怀恶意的，因为他们为了人类的义务坚持要半抱琵琶，虚言搪塞，并且认为那毁掉了他们的玩具的人可恶之至。他们想对这样的人喊出浮士德对靡非斯特菲勒士所说的话："你举起了冷酷的魔掌，对抗那生生不息的有益的创造力！"[1]这些弱视的现代眼睛在否定中总是看到恶的标记，在它们看来，立志按照叔本华的方式生活的人很可能更像一个靡非斯特菲勒士而不是一个浮士德。然而，有一种否定和破坏，恰恰是对神圣和救赎的强烈渴望的产物，叔本华作为其第一位哲学教师，他冒犯了我们中间业已丧失神性而相当世俗化了的人。凡是能够被否定掉的存在，也就活该被否定；而真诚则意味着信仰一种存在，它根本不可能被否定掉，它本身就是真实不欺的。因此，真诚者感到他的行为具有一种形而上的意义，这意义可由另一种更高生活的法则得到说明，且在最深刻的理解上是肯定的。这样，他的一切行为同时也就显得像是对现有生活法则的破坏和摧毁了。在此之际，他的行为必定导致持久的苦难，不过他像麦斯特·爱克哈特[2]一样懂得："苦难是负载你走向完美的最迅捷的动物。"我能够想象，凡是给灵魂设立如此生活目标的人，他必定心胸宽阔，并且热烈地向往成为这样一个叔本华型的人，这就是说：单纯而极其泰然地对待他自己和他的个人幸福，他的认识中燃

1　语出《浮士德》第一部。
2　麦斯特·爱克哈特（Meister Eckhart，约1260—1327），莱茵兰神秘主义派创始人，德国新教教义、浪漫主义、唯心主义、存在主义的先驱。

着熊熊烈火,不像所谓科学型的人那样抱着冷漠卑劣的不偏不倚态度,完全不屑于从事阴郁沉闷的观察,始终奋不顾身地为认识到的真理献身,最清醒地意识到他的真诚必定会招致怎样的苦难。毫无疑问,他因他的勇敢而毁掉了他的尘世幸福,他甚至不得不与他所爱的人、他赖以生长的社会制度为敌;他不能怜惜人与物,哪怕他也哀其伤痛;他饱受误解,长久地被视为他所憎恶的势力的同盟者;每当他追求正义时,若用人性的尺度衡量他的观点,他必是不义的。可是,他可以用他的导师叔本华曾经说过的话劝慰自己:"幸福的人生是不可能的,人所能达到的最高境界是一种英雄生涯。度此生涯的是这样的人,他在不拘哪种方式和事件中,为了正在到来的不拘怎样有利于全体的事物,与极其严重的困难搏斗并且终于获胜,但是所得甚少,甚至完全得不到回报。最后,就像戈齐[1]的《鹿王记》中的王子一样,他变成了石头,但始终以高贵的姿势、带着高尚的面容屹立着。对他的纪念永存,且被当作对一位英雄的纪念受到庆祝;他的意志历尽艰辛,忍辱含垢,终其一生劳而无功,饱受世态炎凉,在涅槃中灭迹。"[2] 这样一种英雄生涯,连同在其中完成的苦行,当然和那些人的贫乏概念毫不相干,这些人最起劲地谈论这个话题,庆祝伟人的纪念日,误认为伟人之成为伟人,正如他们之成

---

1 戈齐(Conte Carlo Gozzi,1720—1806),意大利诗人、散文家、剧作家。
2 语出叔本华《附录和补遗》第 2 卷。

为小人物，是因为伟人仿佛有一种恩赐使他得以享用，或者有一种机制令他盲目地听从这内在的逼迫，所以，就像他有权伟大一样，未得此恩赐或者未感觉此鞭策的人就有相应的权利渺小。然而，得到恩赐或者受到逼迫——这是人们用来逃避一种内在的督促的没出息的话，是对每个倾听这督促的人，因而也就是对伟人的诽谤；恰恰伟人最不让自己受任何力量的恩赐或逼迫——他像所有小人物一样清楚，如果他循规蹈矩，得过且过，并且与周围的人和睦相处，他就能够生活得多么轻松，供他舒展身子的床铺会有多么柔软。人类的一切秩序终究都是为了不断地涣散人的思想，从而使日子不知不觉地过去。他为什么要反其道而行之，偏要活得明白呢，而这便意味着活得痛苦？因为他发现，人们企图在涉及他本人的事情上欺骗他，合谋要把他从他自己的洞穴中拖走。所以，他挺直身子，竖起耳朵，下定决心："我要守住我自己！"这是一个可怕的决定，他是慢慢明白这一点的。因为现在他必须深入存在的底蕴，追问一系列异乎寻常的问题：我为何而活着？我要从生活中学到什么教训？我是怎样成为现在这个样子的，又缘何为成为这个样子而苦恼？他折磨自己，并且看到，别人都不这样折磨自己，毋宁说他周围的人们都狂热地向政治舞台上演出的离奇闹剧鼓掌欢呼，或者他们自己戴着形形色色的面具，扮演成少年、丈夫、老翁、父亲、市民、牧师、官员、商人，等等，踌躇满志地走来，一心惦记着他们同演的喜剧，从不想一想自己。你为何而活着？对于这个问题，他们全都会不假思索自以为是地答道："为了成为一个好市民，或者学者，或者官员。"然而他们是一种绝无成为另一种东西之能力的东西，他们为什么是这样的呢？唉，为什么不是更好呢？谁把自己的生命仅仅看作一个世代、一个国家或者一门科学发展中的一个点，因而甘愿完全属于生成（das Werden）的过程，属于历史，他就昧然于此在（das Dasein）给他的教训，必须重新学习。这永恒的生成是一出使人忘掉自我的骗人的木偶戏，是使个人解体的真正的瓦解力量，是时间这个大儿童在我们眼前耍玩并且拿我们耍玩的永无止境的恶作剧。那种真诚的英雄主义就在于，终于拒绝做它的玩具了。在生成之中，一切皆空洞、肤浅、骗人，令我们蔑视；只有从存在（das Sein）出发，在如此而非别样的存在之中，在非消逝者之中，人才能解开他所要解的谜。现在他开始测试，他和生成的纠缠有多深，和存在的纠缠有多深——他的灵魂面临一个艰巨的任务：摧毁一切生成之物，揭露附着于事物的一切假象。他也想要认识一切，但与歌德型的人不同，不是为了一种高贵的软弱而求自我保护，同时欣赏事物的复杂性；相反，他自己就是他献出的第一个牺牲。英雄型的人不在乎他自己境况的好坏，他的美德和罪恶，根本无意用他的尺度衡量事物，他对自己不复希望什么，唯愿洞察万物直至这绝望的底蕴。他的力量在于他的忘我：一旦他顾及自己，他就会打量他的崇高目标和他之间的距离，于是仿佛看到自己身后身下堆着不堪入目的渣滓。古代的思想家们全力寻求幸福和真理——但是人永远找不到他必须找的东西，这是大自然的一条恶毒法则。然而，谁在万物中寻找不真，并甘愿与不幸做伴，也许就会有另一种觉醒的奇迹对他显示：某种不可言说之物临近他了，幸福和真理仅是其偶像化的摹本，大地失去了自己的重力，世上的事件和权力均化作梦幻，宛如夏日之夜，他的四周萦绕着神奇的光芒。目睹这一景象的人觉得，他好像刚刚醒来，飘动的梦之云还在他的周围嬉戏。这云也将被驱散，然后便是白昼了。

五、自然为何要产生哲学家

　　　　动物与人的根本区别。自然要在人身上树起一面镜子，使生命得以显现在自身的形而上的意义中。一般人无此觉悟，必须被举起，哲学家、艺术家和圣人是那举起我们的力量。自然产生这些不复是动物的人，是为了使自己得以完成。

然而，我曾许诺要依据我的体会，把叔本华作为**教育家**加以描述，而我如果只是用一种不完善的表达，描绘宛如叔本华的柏拉图式理念一样存在于他之中和之上的那种理想人，那么，这是远远不够的。最困难的事尚未着手，便是说明一种新的义务领域怎样从这种理想中形成，我们怎样才能通过一种经常性的活动而同如此充满意义的目标保持联系，简言之，便是证明这种理想**在教育着我们**。否则，我们可以认为，这不过是一次令人愉快，甚至令人陶醉的观赏罢了，我们仅在片刻之间获此观赏，随后立即被弃置不理，因而愈发陷入深深的懊丧。同样可以确定的是，通过光明和黑暗、陶醉和厌倦的这种突然变换，我们就这样开始了与这种理想的来往，一种和理想的存在一样古老的经验正在这里重演。可是，我们不该在门厅久留，而应迅速跨越初始阶段。因此，必须严肃而明确地提出一个问题：把这个令人难以置信的崇高目标移到近处，使它能够引我们上升，从而教育我们，这是否可能呢？——借此而不让歌德的名言在我们身上应验："人天生适合于一个有限的环境；他能看到简单、浅近、明确的目标，习惯于运用伸手可及的手段；但是，一旦他向远处走，他就既不知道他想要什么，也不知道他该怎样做了，至于他是因为对象的众多而眼花缭乱，还是因为对象的高贵和尊严而妄自菲薄，情形完全都一样。只要他被引导去追求他不能由自己经常性的活动加以把握的目标，结果总是不幸的。"[1] 这一点恰好可以成为反对叔本华型的人的貌似非常有理的理由：他的尊严和高贵只会令我们妄自菲薄，并因此又厌弃一切行动者的团体；义务之链和生活之流都完结了。一个人也许会常常心情沮丧，人格分裂，按照二重标准生活，这意味着自相矛盾，犹豫不决，因而日益软弱无能；另一个人则干脆放弃行动，在别人行动时甚至不屑一顾。对于一个人来说，如果任务过于艰巨，他无能履行义务，危险就总是很大的；较强的天性可能因此而毁灭，较弱较平庸的天性会沉湎于一种悠闲的懒惰，最后因懒惰而竟至丧失了悠闲的情趣。

　　针对这些反对的理由，现在我只想承认，我们在这里的工作才刚刚开始，我依据自己的经验只是明确地看到和知道

---

[1] 语出《威廉·麦斯特的学习时代》。

了一点：你我都可能因为那个理想形象而戴上一副可履行的义务之锁链；我们中的有些人已经感觉到了这副锁链的分量。然而，为了理直气壮地表述我用以概括这个新的义务领域的公式，请允许我先做以下考察。

由于动物为活着而受苦，且不拥有反抗这痛苦和形而上地理解其生存的能力，天性深刻的人们总是对它们心怀同情；看到无谓受苦的现象，这的确有最深刻的理由令人愤怒。所以，在世界不止一个地方都有人猜测，是罪人的灵魂投胎到这些动物的身体里了，因此，这乍看上去令人愤怒的无谓的受苦，面对永恒的公正，作为惩罚和赎罪，便在真正的意义上得到了解脱。诚然，这样作为动物在饥饿和欲望的支配下生活，毫无头脑地度过一生，这是严重的惩罚；再也想象不出有比猛兽更悲惨的命运了，它受最尖锐的欲望驱赶，穿行于荒漠，很少得到满足，即使满足了，也因与其他野兽的殊死搏斗，或因令人厌恶的贪婪和餍足，满足变成了痛苦。这样盲目而愚昧地执着于生命，没有更高的报偿，对于受罚的事实和原因全然不知，反而疯狂愚蠢地把这种惩罚当作幸福来贪求——做动物就是这个意思；而如果说整个自然以人为归宿，那么它是想让我们明白：为了使它从动物生活的诅咒中解脱出来，人是必需的；存在在人身上树起了一面镜子，在这面镜子里，生命不再是无意义的，而是显现在自身的形而上的意义中了。我们该好好想一下：动物止于何处，人始于何处！自然仅仅关注这个意义上的人！只要一个人在生命中唯求幸福，他就尚未超越动物的眼界，区别仅在于他是更加有意识地追求动物在盲目的冲动中追求的东西罢了。可是，综观一生的绝大部分时间，我们大家都是如此：我们往往并未摆脱动物性，我们仍是好像无谓地受着苦的动物。

然而，有这样一个时刻，**我们终于明白了这一点**。于是，云开雾散，我们发现，我们连同整个自然是怎样迫切地走向人，宛如走向某种高于我们的东西。在这突然的光明中，我们战栗着环顾周围和身后：这里迅跑着高雅的猛兽，而我们正置身于它们之中。这些活动于广阔的大地荒漠上的人无比灵巧，他们建立城市和国家，他们发动战争，他们无休止地聚集和分离，他们彼此竞争和模仿，他们互相欺诈和践踏，他们在痛苦时哀号，他们在胜利时欢呼——这一切都是动物性的延续：人仿佛有意要退化，隐瞒其形而上的禀赋，甚至仿佛自然在如此长久地渴求和创造人之后，现在在他面前畏缩了，宁愿重返本能的无意识状态。啊，它需要认识，却又害怕它原本所必需的认识；火光闪烁不宁，宛如畏惧它自己，在抓住自然归根到底因之才需要认识的那个东西之前，先已烧着了成千的事物。在某些时刻，我们大家都明白，我们生活中那些最流行的机构之所以被建立，如何只是为了逃避我们真正的任务，我们如何喜欢把我们的脑袋藏进随便什么地方，仿佛在那里我们的长着一百只眼睛的良心就看不见我们了；我们如何迫不及待地把我们的心献给国家、赚钱、交际或科学，只是为了不必再拥有它，我们如何热心地不动脑筋地沉湎于繁重的日常事务，超出了生活似乎需要的程度，因为不思考确乎成了我们更大的需要。匆忙是普遍的，因为每个人都在逃避他的自我，躲躲闪闪地隐匿这种匆忙也是普遍的，因为每个人都想装成心满意足的样子，向眼光锐利的观者隐瞒他的可怜相，人们普遍需要新的语词的闹铃，系上了这些闹铃，生活好像就有了一种节日般的热闹气氛。每个人都熟悉一种特别的情境：当不愉快的回忆突然浮上心头时，我们会借强烈的表情和声音将之逐出意识。可是，日常生活中的表情和声音表明，我们大家始终处在这样的情境中，在逃避着回忆和内心生活。如此经常地扰乱我们的东西究竟是什么，什么蚊蝇令我们不得安眠？它幽灵似的在我们身旁游荡，在生活的每时每刻都试图对我们有所叮嘱，但我们不愿听这幽灵的声音。当我们安静独处时，我们就害怕耳边会响起喃喃的低语，因此我们憎恨安静，要用交际来麻痹自己。

我们知道这一切，而且如上所述，有时我们还异常震惊于所有这令人眩晕的焦虑和匆忙，我们生命的这整个梦魇状态，仿佛是在觉醒的前夕，而愈是临近觉醒，梦境就愈激荡不安。但是，我们同时也感到，我们是太衰弱了，难以承受那个深刻反省的时刻，我们不是整个自然为了自救而寻求的那种人。毋宁说，我们只是偶尔把头露出水面，看见了我们深溺在怎样的水流中。而且，连这稍纵即逝的上浮和觉醒，我们也并非靠自己的力量做到的，我们必须被举起——谁是那举起我们的力量呢？

是那些真诚的人，**那些不复是动物的人，即哲学家、艺术家和圣人**；当他们出现时，通过他们的出现，从不跳跃的自然完成了它唯一的一次跳跃,并且是一次快乐的跳跃,因为它第一回感到自己到达了目的地,亦即这样一个地方,它在这里发现,它无须再想着目标,它已经把生命和生成的游戏玩得尽善尽美。它在这一认识中得以神化,它的面庞上笼罩着被称作"美"的温柔的黄昏倦态。此刻它以这神化的表情所表达的,正是对于存在的伟大**解释**;而终有一死者所能怀抱的最高愿望便是屏息凝神地倾听这个解释。如果一个人仔细想过,譬如说叔本华在其一生中所听见的必是什么,那么,随后他就会对自己说:"唉,你的聋聩的耳朵,你的迟钝的头脑,你的脆弱的理智,你的干枯的心灵,唉,我认为属于我的一切,我是多么蔑视你们!不能飞翔,只会扑闪翅膀!只是仰望,不能扶摇直上!认识而且几乎踏上了那条通往哲学家无限自由的眼界的道路,却终于落后了几步,踉跄尾随!如果最热烈的愿望有实现的一天,我是怎样甘愿献出剩余的生命啊!向高处攀登,达到一个思想家曾经达到的高度,置身于阿尔卑斯峰巅,空气纯净而凛冽,不复有云雾笼罩和面纱遮掩,万物皆返璞归真,其本质毕露无遗,一目了然!只要想及此种景象,这颗心就变得孤独而又浩渺无涯;然而,倘若它的愿望满足了,倘若有朝一日目光如炯,俯照万物,倘若羞耻、焦虑、欲望皆消——有什么语言能够形容它的境界,这新的谜样的不张狂的激情,然后,就像叔本华的心一样,它始终怀着这样的激情拥抱存在的可怕的象形文字,拥抱石头一般冷酷的生成学说,不是作为黑夜,而是作为明亮、殷红、普照世界的光芒。另一方面,领悟了哲学家特有的使命和神性，因而足以感觉到非哲学家、无望的渴慕者的整个可有可无和平凡庸俗，知道自己是树上的一颗果实，因为太浓密的阴影而永远不能成熟，同时却看到自己所缺少的阳光近在咫尺，这又是怎样的命运呵！"

使这样一个志大才疏的人陷于嫉妒和怨恨，倘若他一般来说会嫉妒和怨恨的话，真是令人痛苦；不过，他很可能终于会调转心思，使心灵不再消耗于徒劳的渴望，这个时候，他就会发现一个新的义务领域了。

这里我已经临近那个问题的解答，即是否可能通过经常性的自我活动而同叔本华型的人的伟大理想相联系。这一点是确凿无疑的：上述新的义务不是单独个人的义务，毋宁说人们借之而同属于一个有力的团体了，这个团体不是靠外部的形式和法则，而是靠一种基本思想凝聚起来的。这个基本思想就是**文化**，不过这只是就文化向我们中的每个人提出这一任务而言：**在我们中间和我们之外，促进哲学家、艺术家和圣徒的产生，借此而致力于自然的完成**。因为就像自然需要哲学家一样，它也需要艺术家，为了一种形而上的目标，即为了它的真正的自我神化，借此它终于把自己设立为纯粹的、完成了的形成物，一种它在自己生成的动荡中从未得以清晰地看见的东西——所以也是为了它的自我认识。歌德曾经意味深长地提醒我们，对于自然来说，它的一切尝试有多大效果，全要看艺术家在多大程度上终于猜出了它的结结巴巴的话语，在半途上截住它，替它表达出了它的尝试的真正意图。有一回他如此宣告："我常常说，并且仍将不断重申，世界纷争和人类纷争的 causa finalis（终极理由）是戏剧诗艺。若非如此，原料就绝对派不上用场了。"[1] 最后，自然也同样需要圣徒，在圣徒身上，自我已经完全融化，他的受苦生涯不再或几乎不再被感受为个人的东西，而是对一切生灵的至深的共感、同感和通感；在圣徒身上，出现了生成的游戏完全想象不到的那种奇迹般的变化，那种最后最高的人性变化，全部自然都为了它的自我拯救而朝这一变化突进。毫无疑问，我们大家都和他血缘相通，紧密相连，就像和哲学家、艺术家血缘相通一样；有那样一种时刻，宛如最明亮最充满挚爱的烈火闪耀，在其光芒中我们不复理解"我"这个词；某种存在于我们本性的彼岸的东西正在时刻变为此岸的东西，因此我们最衷心地渴求由此及彼的桥梁。在我们的日常状态中，我们对于拯救者的产生当然不能有任何作为，所以在这种状态中我们就怨恨自己，这种怨恨是悲观主义的根子，叔本华不得不重新向我们的时代教授那种悲观主义，其实它的历史和人类的文化追求一样古老。怨恨是它的根子，而非它的花朵，是它的底层，而非它的峰巅，是它的道路的起点，而非它的目标。因为有朝一日我们还将学习恨别的更普遍的东西，而不再是恨我们的个体以及它的可怜的欲望，它的变动不居，在那更高的境界中，我们也将爱别的东西，不同于我们现在之所能爱。唯有在今日的或者正在来临的诞生中，一旦我们上升到了哲学家、艺术家和圣徒的那些最高等级，我们的爱

1　语出歌德1785年3月3日致施泰因的信。

和恨的新目标便也将向我们显现——那时我们便有了我们的使命和我们的义务领域,我们的恨和我们的爱。因为我们知道文化是什么。应用于叔本华型的人,文化要求我们准备和促进这类人的不断形成,其方法是学会识别并且清除对之不利的因素——简言之,要求我们不倦地与阻挠我们成为叔本华型的人、从而剥夺我们生存的最高完满性的一切进行斗争。

六、现代文化与自然的目标背道而驰

人类应该致力于伟大个人的产生。个人甘愿为这个目标服务和自我牺牲,是文化的第一典礼。今天那些文化的推动力量,包括营利者、国家、形式爱好者、科学,都是自私自利的。现代人用"美的形式"掩盖匆忙的逐利行为。对学者的解剖。批判现行的教育机构。

有时候,接受一个事实要比认识它更加困难,对于多数人来说,当他们思索下述命题时情况就是如此:"人类应该不断地致力于伟大个人的产生——它的使命仅在于此,别无其他。"人们通过观察任何一类动物和植物而得出了一个原理,即它们存在的目的仅在于产生更高的个别标本,更不同寻常、更强大、更复杂、更有生产力的标本,然后多么喜欢把这个原理应用到社会及其目标上,人们是多么喜欢这样做,只要不和他们养成的关于社会目标的幻想发生明显的矛盾!的确,很容易理解,当一个类达于自己的边界而向更高的类过渡时,它的发展目的就会呈现,但这目的不在于标本的数量及其良好的状态，甚至也不在于时间上最晚出的标本，毋宁说在于那些似乎分散的偶然的存在，当条件有利时，它们会在这里那里得以立足；同样，也应该很容易理解这一要求：由于人类能够意识到自己的目的，它理应发现和创造那些有利条件，使伟大的拯救者得以产生。可是，相反的言行不胜枚举，什么最终的目的应当是一切人或大多数人的幸福，或者应当是庞大政治团体的发展；有的人如此干脆地决心为一个国家牺牲自己的生活，但倘若不是一个国家，而是一个个人要求这种牺牲，他就犹豫不决了。一个人为了另一个人活着似乎是愚蠢的；"应该为了一切他人，至少为了绝大多数人！"庸人啊，在涉及价值和意义的问题上，让数量起决定作用仿佛是明智的！因为问题的实质在于：你的个人的生活如何拥有最高的价值和最深的意义？如何做到不虚度年华？唯一的途径是，你要为了极少数最有价值的标本的利益生活，而不是为了大多数人的利益，就是说，不是为了那些个别地看最没有价值的标本的利益。在一个年轻人身上正应该培植这个观念，使他把自己仿佛看作自然的一个失败的作品，但同时又是这位艺术家极其伟大奇特的意图的一个证据；他应该说，她把我造得很差，可是我愿为她效劳，使她得以提高手艺，借此向她的伟大意图致敬。

他凭借这个想法而置身于**文化**的领域里了；因为文化是每一个个人的自我认识及其对自己的不满的产儿。每个拥护文化的人都这样说："我看见在我之上有一种比我自己更高更人性的东西，请你们都来帮助我达到它，一如我愿意帮助每个有相同认识和相同痛苦的人：这样就终于会产生一种人，他在认识和爱、观照和能力方面都感到充实而无限，全身心地依靠和属于自然，成为事物的裁判者和价值评估者。"我们很难使一个人进入这种毫不气馁的自我认识状态，因为我们不可能教人以爱。唯有在爱之中，灵魂不但用清晰、透彻、轻蔑的眼光看自己，而且渴望超越自己，全力寻求一个尚在某处隐藏着的更高的自我。所以，一个人只有心系某个伟大人物，才能感受到文化的第一典礼；其标志是无怨的自惭，厌恶自己的狭隘和猥琐，同情那不断地从我们的愚昧枯涩中脱颖而出的天才，对一切生成者和战斗者的预感，以及一种最深刻的信心，相信几乎到处都必然与自然相遇，仿佛它迫不及待地要走向人，它痛苦地发现又做坏了一个作品，但也到处成就了最神奇的开端、特征和形式，以至于我们周围的人们宛如一个堆满了极有价值的雕塑毛坯的瓦砾场，其上的一切都向我们呼唤：来吧，帮助我们吧，把能配套的加以收集和完成，我们多么渴望成为整体。

我把这些内心状态的总和称作文化的第一典礼；那么，现在我该描述第二典礼的效果了，我清楚地知道，我在这里的任务更为困难。因为现在要从内在现象转而判断外部现象，目光要向外，到广阔的运动着的世界中去重新发现那种文化渴望，就像已从最初的经验中认识了这种渴望一样，个人要把自己的奋斗和渴望当作字母表，现在他借助这字母表就能读懂人类的追求了。但是，他还不可停留于此，而必须从这一阶段迈向更高的阶段，文化不仅要求他有那种内心体验，能够判断在他周围汹涌的外部世界，而且归根到底还要求他行动，亦即为文化而斗争，反对那些使他不能重新认识他的目标的影响、习惯、法则和方向，这目标就是：天才的产生。

倘若一个人能够上升到第二阶段，他首先会发现，对于**这个目标的知识是多么异乎寻常地贫乏而可怜**，相反，为文化付出的努力是多么普遍，在此效劳中浪费的力量是多么难以形容地巨大。他会吃惊地自问：莫非这样一种知识是完全不必要的？即使多数人都错误地规定了自己努力的目标，自然仍然能够实现其目的？谁若一贯深信自然具有无意识的合目的性，他也许就会毫不困难地回答："是的，正是这样！让人们去思考它的终极目的，谈论它的意图吧，冥冥中自有一股力量使它知道正确的道路。"想要反驳这个论点，一个人必须有相当的体验；可是，谁若坚信文化的目标是要促进真正的人的产生，而非其他，并且比较一下，即使在今天，在文化的全部奢华和浪费之中，这样的人的产生与一种持续的动物性痛苦相去不远，那么，他必定会懂得，那种"冥冥中的力量"终究应当被自觉的意志所取代。这尤其也是出于另一个理由，即如此方可杜绝下述可能性：为了完全不同的目的而利用这种目标不明的冲动，这种著名的冥冥中的力量，把它引上一条使天才的产生这一最高目标永远无法实现的道路。因为存在着一种为己所用的被糟蹋了的文化——你们只要看看自己的周围好了！今天那些推动文化最活跃的势力恰恰是别有用心的，它们与文化打交道时并不怀着纯洁无私的信念。

首先是**营利者**的自私自利，他们需要文化的支持，为此也礼尚往来，扶助文化，但同时便企图为其规定目标和标准。由此而产生了那个得意的命题和一连串推论，大意如下：最大量的知识和教育，造成了最大量的需要，再造成了最大量的产品，再造成了最大量的收益和幸福——这个蛊惑人心的公式如此宣扬。看来，教育被这一公式的拥护者定义为一种见识，一个人凭借这种见识就能在需要及其满足方面完全合乎时宜，同时也能最有效地掌握一切最轻松地赚钱的手段和途径。于是，培养最大量的courante（通用的）人成了目标，这里的courant是指人们在一枚硬币上所称呼的那一种；按照这种理解，一个民族拥有这种courante人愈多，它就愈幸福。因此，现代教育机构的目标完全应该是促使每个人达到这样的地步，以至于他出自本性地要成为courant，培养每个人的准则是使他从自己拥有的认识和知识水平中获得最大限度的幸福和收益。人们在这里要求，在这样一种普遍教育的帮助下，个人必须做到正确地估计自己，从而知道他可以向生活索取什么；最后则主张，在"才智"和"占有"、"财富"和"文化"之间有一种天然的、必然的联系，更有甚者，这种联系具有一种**道德**上的必要性。在这里，任何一种教育倘若使人孤独，不以赚钱为目的，花费大量的时间，便是可恶的；人们实在已经习惯于把这种严肃的教育诽谤为"精致的利己主义""不道德的教育上的伊壁鸠鲁主义"了。当然，按照这里所承认的道德，正是相反的东西才受欢迎，即一种速成教育，以求尽快成为赚钱的生物，以及一种毕竟相当全面的教育，以求能够成为赚许多钱的生物。一个人只允许有这么多文化，刚好适合一般职业和人际交往的利益，而对他要求的也就是这么多。总之："人都必有对尘世幸福的要求，因此教育是必要的，但也仅仅因此是必要的！"

其次是**国家的自私自利**，它同样也渴望尽可能地传播和普及文化，并且为实现这个愿望而掌握有效的工具。如果它知道自己足够强大，能够欲擒故纵，如果它的基础宽阔而稳固，足以承受整座教育大厦，那么，普及国民教育对它——尤其在与其他国家的竞争中——总是有益的。如今，无论何处，凡有人谈论"文化国家"，皆认为其任务在于解放一代人的精神力量到这一程度，使之能够为现存的制度服务和谋利，但是也就到这一程度而已；犹如一条林中溪流经水渠和支架而分流，从而能够以较小的力量驱动磨臼——如果它全力以赴，对于磨臼就会弊大利小了。这种解放同时是，并且更加是一个束缚。我们只需回想一下，由于国家的自私自利，基督教渐渐变成了什么东西。基督教诚然是追求文化和追求圣徒辈出的冲动的一种极纯粹的表现；可是，由于它百倍地被利用来驱动国家权力这个磨臼，它便渐渐地病入膏肓，变得虚伪而骗人，蜕化而至于同它的初衷南辕北辙了。即使它的最后一个事件——德国的宗教改革，倘若不是从国家之间的斗争和战火中偷取了新的力量和火种，也就只会是一朵瞬间熄灭的火花。

第三，文化的推动者还包括所有那些人，他们意识到了一种**丑恶的或无聊的内容**，想借所谓"美的形式"而将之淡忘。据说靠了外表的特征，靠了语词、表情和姿势、装饰、华丽的场面、端庄的风度，观察者就必定会对内容做出错误的判断。其前提是，人们往往按照外表来判断内容。有时候我觉得，现代人彼此都厌倦得要命，所以他们觉得有必要借助于一切艺术来把自己弄得有趣一些。他们听任他们的艺术家把自己当作诱人的美餐端上桌，他们浑身上下撒满了整个东方和西方的作料，于是当然啦！现在他们闻上去就非常令人有兴趣了，按照整个东方和西方的口味看都是这样。他们立志要满足任何口味；每一个人都应受到款待，不管他心血来潮地想尝香的还是臭的，山珍海味还是粗茶淡饭，希腊菜还是中国菜，感伤的戏还是下流的戏。现代人不惜一切代价要变得有趣和兴致勃勃，众所周知，在这方面，他们最著名的厨师是法国人，最糟糕的则是德国人。归根到底，这一点对于后者比对于前者更是一种安慰，而如果法国人嘲笑我们缺乏魅力和优雅，或者，如果他们看见一个刻意追求优雅和风度的德国人，便不由得想起一个要在鼻子上穿环和叫喊着要文身的印第安人，我们可不要责怪他们。

——我在这里要说一些题外话。自从最近这次与法国的战争以来，德国的一些东西发生了变化和错位，很显然，人们也把对于德国文化的某些新的愿望带回家来了。对于许多人来说，这场战争意味着初次光顾世界上优雅的地区；如果胜利者不拒绝向失败者学习一点文化，则他的大度显得多么辉煌！尤其是在工艺方面，我们不断地和那更有教养的邻居较着劲，德国房屋的布置要向法国看齐，甚至德国的语言也要由一个按照法国模式建立的研究院来赋予"健康的趣味"，清除歌德造成的可疑影响——正如柏林那位院士杜布瓦-雷蒙[1]所断定的。我们的剧院早就在暗中一本正经地追求同样的目标，甚至优雅的德国学者也已经被造就出来——当然可以预料，凡是迄今仍不肯迎合这一优雅法则的一切，德国的音乐、悲剧和哲学，将被当作非德国的东西而抛弃。——可是，如果德国人把自己一向缺少因此现在要追求的文化只理解为美化生活的技艺和礼仪，包括舞蹈师和室内装饰师的所有那些小发明，如果他们在语言中也只是致力于学院派所称道的规范和某种流行的风尚，那么，真就不必再为德国文化动一根指头了。然而，最近的战争以及与法国人的人格攀比好像未尝唤起更高的要求，毋宁说我常常有一种怀疑，觉得德国人现在似乎想要强行摆脱自己古老的义务，这义务是他们的奇特天赋、他们生来固有的凝重深刻的性格加于他们的。他们宁愿做一回猴子，耍一下把戏，他们宁愿学习教养和艺术，借此给人生解闷。可是，对德国精神最严重的侮辱莫过于这样来对待它，仿佛它是用蜡做的，以至于有朝一日也可以把它捏成优雅。如果这不幸是一个事实，许多德国人的确都乐意任人这样捏造，那么，与此针锋相对，我们理应常常提醒这些人，直到他们听进去为止：你们已经完全丧失了古老的德国素质，它虽然坚硬、严厉、充满对抗，却是最珍贵的材料，唯有那些最伟大的雕塑家才能用它创作，因为唯有他们

---

[1] 杜布瓦-雷蒙（Du Bois-Reymond, 1818—1896），柏林大学生理学教授。

才配得上它。相反，你们身上只有一种稀软的材料；你们用它来做你们想要的东西，制造优雅的玩具娃娃和有趣的偶像吧——在这方面，理查德·瓦格纳的话始终是真理："当德国人想要表现得有教养时，他们是生硬而笨拙的；可是，一旦燃烧起来，他们就极为崇高，胜过一切民族。"[1] 面对这种德国的烈火，优雅的人们有一切理由留神，否则有一天它会吞噬掉他们，连同他们所有那些蜡制的玩具娃娃和偶像。——当然，对于在德国方兴未艾的这一热衷于"美的形式"的倾向，我们还可以指出它的别的更深刻的根源：源自那种匆忙，那种令人不得喘息的分秒必争，那种不等成熟便采摘一切果实的急躁，那种你追我赶的竞争，它在人们脸上刻下了深沟，他们所做的一切都在其上刻下了印痕。仿佛有一种药剂在他们体内作怪，使他们不再能平静地呼吸，他们心怀鬼胎地向前猛冲，就像烙着三 M——Moment（即刻），Meinung（舆论），Moden（时尚）——印记的奴隶。这样，尊严和体面的缺失当然是极为触目惊心的了，因而非常需要一种骗人的优雅，用来掩盖那种斯文扫地的匆忙病。因为对美的形式的时髦追求与现代人的丑的内容是这样相联结的：前者可以用作掩饰，后者需要被掩饰。于是，教养就意味着使自己对于人的可怜和卑劣、竞争的残忍、聚敛的贪婪、享乐的自私和无耻都视而不见。当我向别人指出德国文化的缺席时，别人常常这样反驳我："可是这种缺席是当然的，因为迄今为止德

---

1 语出瓦格纳《论指挥》。

国人太贫困也太自卑。您只消让我们的同胞变得富裕而自信，那时他们也会有一种文化的！"如果说信念有时能使人快乐，那么，**这种**信念却使我不快，因为我感觉到，这些人相信终会到来的那种德国文化——财产、虚荣和附庸风雅的文化——恰与我所信仰的德国文化截然相反。的确，谁在德国人中生活过，都受不了他们生活上和思想上的那种臭名昭著的晦涩，那种马虎、迟钝、沉闷，在交际场上的那种笨拙，特别是性格上的那种猜忌、封闭和乖僻；德国人根深蒂固地喜欢假象和不真，喜欢拙劣的仿制品，喜欢化外国之神奇为本国之腐朽，这一切都使人感到痛苦和侮辱；而现在，最让人难受的是又加上了那种狂热的不安，那种对成功和获利的渴望，那种对当下时刻的过分看重，我们不由得要想，这一切疾病和弱点也许已经完全不可救药了，只能不断地加以粉饰——就用这种"令人感兴趣的形式的文化"！而且这种事竟发生在一个产生了**叔本华**和**瓦格纳**的民族身上！而且这个民族还想不断地产生这样的人！或者我们是在一件彻底绝望了的事情上自欺？上述人物也许不再能担保他们所拥有的那种力量仍然现实地存在于德国的精神和感性中？他们自己也许是例外，宛如过去人们心目中的那种德国品质的最后传人？我对此一筹莫展，只好回到我的一般性考察的思路上去，各种疑虑常常要把我从这条思路上引开。我尚未举出所有那些力量，它们虽然推动了文化，但不承认天才的产生是其目的；已经谈到的三种是营利者的自私自利、国家的自私自利以及一切有必要伪装和用形式掩饰自己的那些力量的自私自利。现在我要谈第四种，即科学的自私自利，以及科学的仆人——学者——所特有的品性。

科学与智慧的关系正相当于道德与神圣的关系：它是冷漠而枯燥的，它没有爱，对于深刻的不满和渴望之情一无所知。它为自己谋利的程度，正相当于它对其仆人的损害，它把自己的特性转嫁给了他们，因此而仿佛使他们的人性变得僵硬了。只要文化在本质上被理解为科学的发展，它便冷酷无情地从伟大的受难者身旁走过，因为科学不论在何处都只看见认识问题，在其视野内苦难原本是某种与己无关和不可理解的东西，至多又是一个问题罢了。

然而，一个人一旦习惯于把一切经验转换成辩证的问答游戏，转换成纯粹头脑的事情，那么，令人惊奇的是，当他这样做的时候，他在多么短的时间里就干枯了，多么快地就几乎只剩下一副咯吱响的骨架了。人人都知道和目睹这种情形，尽管如此，年轻人丝毫没有被这副骨架吓退，一代代仍然盲目地、轻率地、无节制地献身于科学，这怎么可能呢？这不会是出于所谓"追求真理的冲动"，因为归根到底，怎么可能会有一种追求冷漠、纯粹、无结果的认识的冲动！毋宁说，唯有不受拘束的目光才能洞察科学的仆人身上的真正推动力量是什么。我竭诚建议，既然学者们喜欢肆无忌惮地触摸和肢解世上的一切，包括最值得尊敬的事物，那么，我们也不妨研究和解剖一下他们。如果要我说出我的想法，我的论点便是：学者身上交织着极不相同的动机和刺激，他是一种极不纯净的金属。首先，我们可以举出强烈的、越来越亢奋的好奇心，在认识领域冒险的渴望，人心喜新厌旧、重难轻易的本性。我们还可以加上某种辩证法的思辨冲动和游戏冲动，像猎人追踪狐狸一样追踪狡猾的思想轨迹的乐趣，因而真正要寻求的不是真理，而是寻求本身，主要的享受在于施狡计包抄、围猎和巧妙地捕杀。还可举出对抗的冲动，面对其余一切人，个人想要确认和表现自己；斗争本身成了乐趣，个人的胜利是目的，而为真理斗争只是借口罢了。学者还相当大量地怀着想要发现某一些"真理"的冲动，目的是向权贵、金钱、舆论、教会、政府献媚，因为他相信，如果主张"真理"在它们那里，对他自己是有好处的。在学者身上，即使不是规律性地，至少也是经常地出现下述特征。第一，厚道而具备常识，倘若这不只是表现为拙于伪装——伪装当然需要一点儿机智——的话，是应该给予高度评价的。事实上，无论何处，只要有人显得十分机智和机敏，人们就会对他有些警惕，怀疑他的人品是否正直。另一方面，那种厚道往往价值甚小，对于科学也很少助益，因为它恪守常规，喜欢说些老生常谈或者 in adiaphoris（不置可否的话）；在这些方面，直言比隐瞒更加省事。而由于一切新事物都要求人们重新学习，因此，只要出现这种情形，厚道便尊重保守的舆论，责备新事物的倡导者缺乏 sensus recti（对合理事物的意识）。它之所以反对哥白尼学说，是因为它认为视觉和习惯在这里都是支持它的。在学者身上不乏对哲学的仇恨，尤其是仇恨冗长的推理和证明的技巧。的确，每一代学者大致上都有一个不自觉的标准，规定着**所容许**的敏锐程度；超出于此的便遭怀疑，被当作怀疑一个人是否忠厚的理由。——第二，敏于观察眼前的事物，同时对远处和整体则极为近视。他的视野通常很窄，眼睛必须和对象凑得很近。学者倘若想从某个业已透彻研究过的点转向另一个点，他就把整个观察装置转向那个点。他把一幅图画分解成纯粹的碎块，就像一个人用望远镜看舞台，一会儿看见一个脑袋，一会儿看见一块服装，但从未看到全景。他从不把那些个别的碎块联系起来看，而只是推导它们的衔接关系；所以，他对整体没有深刻的印象。例如，对于一篇文章，由于他不会观其大体，就只好根据某些段落、句子或欠缺来评论；他内心也许认为，一幅油画只是颜料的杂乱堆积。——第三，他的本性在好恶两方面都平庸而且乏味。由于这个特征，他在历史学领域里感到格外幸福，因为他能按照自己熟悉的动机去揣摩古人的动机。一只鼹鼠在鼠洞里才感到最自在。他防止一切人为的、过分的假设；如果他坚韧顽强，他就挖掘过去时代的所有卑鄙动机，因为他以己度人。正由于此，在绝大多数时候，他当然不善于理解和评价稀少、伟大、独特的事物，亦即重要和根本的事物。——第四，感情贫乏而枯燥。这使他适合于从事活体解剖。他感觉不到有的认识本身会给人带来痛苦，所以不怕涉足令别人心惊胆战的领域。他是冷静的，因而容易显得残酷。别人还觉得他大胆，其实不然，就像骡子并非大胆，只是不懂得头晕而已。——第五，自视甚卑，是的，谦虚。即使被圈在一个可怜的角落里，他们也丝毫不感到是牺牲和浪费，他们仿佛总是刻骨铭心地知道自己不是飞禽，只是爬虫。因为这个特征，他们竟显得令人感动。——第六，对他们的师辈忠心耿耿。他们诚心诚意地想帮助师辈，而且懂得用真理能够给予最好的帮助。他们心怀感激，因为只是靠了这些师辈，他们才得以走进庄严的科学殿堂，如果仅仅凭借自己的摸索，他们是绝不可能进入的。如今，当老师的只要善于开辟一块地盘，让庸才们在其上也能做出一些成绩，他就准会一举成名，求学者立刻蜂拥而至。当然，每一个这样忠心耿耿、心怀感激的弟子，同时也是大师的一个不幸，因为他们全都是在模仿他，而一旦出现在如此渺小的个人身上，大师的缺点就显得极大而夸张，相反，优点则按照相同的比例被缩小了。——第七，学者在被推上某一条路之后，就在这条路上做惯性运动，他的真理意识毫无思想性，只遵循过去所养成的习惯。这种天性的人是目录和植物标本的搜集者、讲解者、制作者；他们之所以在一个领域里学习和探究，只是因为他们未尝想到还存在着别的领域。他们的勤奋与极其蠢笨的重力有相似之处，所以他们常常十分多产。——第八，逃避无聊。真正的思想者最向往闲暇，平庸的学者却避之唯恐不及，因为他不知道拿它做什么好。书本是他的慰藉：这就是说，他倾听另一人如何思考，以这种方式来消磨漫长的日子。他特别挑选那些书，它们能够激励他本人以某种方式参与，使他因为赞同或反对而稍稍陷入一种亢奋中；因而是那些书，在其中被考察的是他自己，是他的阶层，他的政治的、美学的或者哪怕仅仅是语法的观点；他只要有了一门自己的学科，就绝不会缺少消遣的手段和驱赶无聊的苍蝇拍了。——第九，谋生的动机,大体上也就是著名的"辘辘饥肠的命令"。为真理效劳,倘若它能够直接带来薪金和职位,或者至少能够讨好那些分发面包和荣誉的人。但是,也仅仅为**这样的**真理效劳。所以,应该在有利可图的真理和无利可图的真理之间划一界限,前者有许多人为之效劳,后者却只有极少数人为之献身,他们可不认为 ingenii largitor venter(肚子是才华的赠予者)。——第十,提防同行,怕遭他们小看,与前一动机相比,这个动机较稀少却更高级,而且毕竟相当普遍。所有同行之间都满怀嫉妒,互相监视,使得真理,维系着面包、职位、荣誉等这许多东西的真理,真正是以其发现者命名。一个人发现了真理,大家便对他表示高度的重视,这样,一旦自己也发现真理时,就可以要求回报。错误和失误招致舆论哗然,被轰然推翻,从而使竞争的人数不会太多;然而,不论何处,真正的真理有时也会被轰然推翻,从而至少在短期内给那些顽固的、厚颜无耻的谬误腾出位置;正像在任何地方一样,这里也不缺乏"道德白痴",人们一向称之为寻开心。——第十一,从虚荣心出发的学者,这是一个更稀少的品种了。他想尽可能拥有一个完全属于自己的地盘,于是就选择冷僻古怪的项目,最好这些项目还需要异乎寻常的经费开支、旅行、发掘以及大量的国际联系。他基本上满足于以怪异惊人的名声,并不想靠他的专业赚取面包。——第十二,从游戏冲动出发的学者。他的乐趣是寻找和解决学科中的难点;当他这样做时,他不是很用功,因为他不想失去游戏的感觉。所以,虽然浅尝辄止,他却常能真切地把握那些面包学者辛苦爬行的眼睛从未看见的东西。——最后，第十三，如果我举出追求正义的冲动作为学者的动机，人们也许会反驳我说，这种高贵的、甚至已经被形而上地理解的动机，我们简直无法把它同别的动机区分开来，它本质上是人的眼睛所把握和确定不了的；所以，在谈及这最后一点时我要补充一个虔诚的愿望，但愿在学者中间这个冲动要比看上去的更普遍也更发生作用。因为正义的火种一旦播入学者的心灵，就足以照亮并且耗尽他的生命和追求，从此他不得安宁，永远失去了平庸学者做日课时所具有的那种温和平淡的心境。

现在，我们只要设想一下所有这些成分，将它们按照不同的比例混合和摇匀，便可以制造出真理的仆人了。令人十分惊奇的是，为了做成那件本质上是非人性、超人性的事情，即无结果因而也无动力的纯粹认识，许多非常人性的细小冲动和动机如何被放到一起，发生了化合反应，而作为其产物的学者又如何显现在超凡脱俗、绝对纯粹的事情的光辉中，被如此神化，以至于人们完全忘记了造就他的那许多成分及其混合。然而，终究有那样一个时刻，人们会思考和想起这一点，这也就是学者质疑自己对于文化的意义的时刻。有谁懂得观察并且发现，学者在本质上是**不孕**的——他的来历的一个后果！——而且他对有创造力的人怀着本能的仇恨；所以，在任何时候，天才和学者都是互相敌对的。后者想要杀死、解剖和理解自然，前者想要用新的活泼的自然来加强自然；这就存在着观念和做法的争论。最幸运的时代不需要也不承认学者，最病态的怨气冲天的时代则把他看作最高贵最有价值的人，授予他最显赫的地位。

至于诊断我们的时代是健康还是病态，谁有资格做这样的医生呢！可以确定的是，现在在许多事情上对学者的评价还太高，并因此而发生着有害的影响，包括影响了对正在形成中的天才的种种关心。学者对于天才的痛苦毫无体会，以尖刻冷漠的口吻谈论天才，并且很快就耸一耸肩膀，仿佛是在谈论一种奇怪而疯狂的东西，他既没有工夫关心这种东西，对它也没有兴趣。他同样也不知道文化的目标是什么。

然而，归根到底，通过所有这些考察，我们究竟明白了什么？我们明白了，今天，凡是看上去文化在蓬勃发展的地方，文化的目标都完全未被认识到。不管国家怎样大肆宣传它对文化的功劳，它发展文化只是为了发展它自己，不知道还有一种高于它的利益和它的存在的目标。营利者们不断地提出教育和文化的要求，他们这样做时归根到底是在追求利润。形式爱好者们自命从事的是真正的文化工作，譬如说，他们误以为一切艺术都是属于他们的，必须服务于他们的需要，而这恰好表明他们是在借肯定艺术肯定自己，所以他们同样未能摆脱一种误解。关于学者已经说得够多的了。上述这四种力量都殚精竭虑地琢磨怎样借文化以自利，如果这种欲望得不到鼓励，他们就没精打采，无所用心。由此可见，在我们的时代，天才产生的条件并未改善，而对有原创力的人的仇恨却有增无减，以至于苏格拉底在我们这里也难以活命，至少活不到七十岁。

现在我要讨论我在第三段里提出过的问题了：我们整个

现代世界看起来绝非如此稳固和持久,使得我们可以预言它的文化观念将万古长存。我们甚至必须认为,未来的一千年里很可能出现一些新思想,它们足以使每个今天活着的人大感震惊。对文化的形而上意义的信念毕竟不是如此可怕吧,可怕的也许是能够从中引出的关于教育和教育事业的一些结论。

当然,这需要一种完全超出常规的思维,撇开现行的教育机构,遥望一下那种陌生的、根本不同的制度,对于第二代或第三代人来说,这种制度也许已经是理所当然的了。如果说通过今天的高等教育者的努力,培养出来的是学者、政府官僚、营利者或文化市侩,或者,就最后和通常的结果而言,是所有这些东西的混合物,那么,这种尚待创立的制度显然有着更艰巨的任务——虽则并非指它本身更艰巨,因为它无论如何是更自然的,就此而言也是更容易的任务;譬如说,像现在这样违背人的本性,把一个青年训练成学者,难道还有比这更艰难的事吗?可是,对于人们来说,困难在于重新学习,为自己树立一个新的目标;我们今日教育制度的基本思想植根于中世纪,实际上是把中世纪的学者当作完美教养的楷模,若想用一种新的基本思想来取代它,必定要历尽千辛万苦。现在已经到正视这项任务的时候了,因为总是要由某一代人开始战斗,后辈才能前赴后继,获取胜利。如今,业已理解文化的这一新的基本思想的个别人正站在十字路口;如果他走上其中一条路,必能受到时代的欢迎,绝不会缺少桂冠和报酬,各个强大的政党会支持他,他的背后会站着许多志同道合者,一如在他的前面,而当站在前列的人喊口号时,整个队伍会齐声呼应。在这里,首要的义务是:"在队列中战斗";第二个义务是,把一切不想站在队列里的人当作敌人对待。另一条路则使他同伴稀少,它更为困难、曲折、崎岖;走在第一条路上的人讥笑他,因为他步履更艰辛,历险更频繁,他们试图把他吸引到自己这边来。一旦两条路交错,他们就虐待和冷落他,或者畏缩地躲避和孤立他。那么,对于走在两条道路上的这些不同的漫游者来说,文化制度意味着什么?那些蜂拥在第一路上奔往自己的目标的人们认为,它是机构和规则,他们借之而得以循序渐进,并把一切反叛者和孤独者,一切瞻望更高远目标的人都革出教门。对于走在另一条路上的少数人来说,文化制度当然要实现全然不同的目标;他们想要用一个坚强的组织来保护自己,以防止自己被那些乌合之众挤开或冲散,防止他们的成员过早地被牺牲掉,或者被迫离弃他们伟人的目标。这些成员应该完成他们的工作——这是他们集合到一起的意义;所有加入组织的人都要不断净化自己和互相关心,借此而在自己身上和自己周围努力促进天才的诞生及其作品的成熟。有不少人,包括一些二三流天赋的人,都对这项合作负有使命,并因这使命感而感觉到活着有了一种责任,生命有了目标和意义。但是,现在正是这样禀赋的人受到了时髦"文化"的诱惑,要他们偏离他们的道路,背叛他们的本能;这种诱惑针对着他们的自私冲动,他们的弱点和虚荣心,时代精神谄媚而殷勤地向他们耳语:"跟随我吧,别去那边!因为在那边你们只是仆人、助手、工具,被天赋更高的人笼罩着,你们的内心绝不会快乐,套着绳索,戴着锁链,宛如奴隶,甚至宛如自动机器;在我这里你们却像主人一样享乐,你们的自由人格、你们的天赋可以为自己大放光彩,你们会名列前茅,受到无数追随者的拥戴,舆论的欢呼将使你们心旷神怡,胜似天才居高临下施舍给你们的傲慢的赞许。"即使最出色的人也会屈服于这样的诱惑。在这里,从根本上看,禀赋的特异和有力几乎起不了决定作用,起决定作用的是某种英雄气概的影响,以及在多大程度上怀有与天才情同手足、命运与共的内在感觉。因为**确实存在**着一些人,当他们看到天才在苦苦搏斗,陷入了自毁的危险,或者因为政府的鼠目寸光,营利者的浅薄无知,学者的因循自满,天才的作品被漫不经心地弃置一旁,他们便**感同身受**地痛苦。那么,我也希望会有一些人懂得,我通过讲述叔本华的命运想要表达什么,以及按照我的观念,叔本华作为教育家究竟会**教导**我们走向何方。

七、我们对哲学家承担什么责任

自然实现目标的手段是笨拙的,哲学家在其时代中十分孤独。今日人性的猥琐阻碍哲学家产生影响,我们有责任帮助他战胜这种猥琐。哲学家不仅是大思想家,更是真实的人,学者绝不可能成为哲学家。

然而,我们暂且不去考虑教育事业的远景和可能发生的根本变革。就目前而言,我们应当为一个形成中的哲学家希望什么,在必要时帮助他争取什么,使他一般来说得以自由呼吸,在最好的情形下,虽说不容易,但至少有可能达到叔本华那样的生存境界?此外,我们可以做成些什么,使叔本华有更大可能对同时代人发生影响?哪些障碍必须铲除,从而使他的榜样发挥充分的作用,使哲学家能够又培养出哲学家?我们的考察由此而进入了实践的和大逆不道的领域。

自然总是希望惠及天下的,但它不善于为此目的寻求最灵活有效的手段和措施:这是它的大苦恼,它因此而是忧郁的。它之所以产生哲学家和艺术家,是想借此使人的生存变得有道理和有意义，这无疑是出自它本身需要拯救的冲动；可是，他通过哲学家和艺术家所达到的效果往往是多么含糊，多么微弱无力！一般来说，它做的有成效的事是多么稀少！尤其在用哲学家惠及天下的事情上，它极其狼狈；它的手段似乎仅是心血来潮，乱点瞎试，以至于它的意图遭到了无数次失败，绝大部分哲学家都百无一用。自然的历程看起来像是浪费；不过，浪费的根源不是罪恶的奢靡，而是缺乏经验；可以想象，倘若它是一个人，它是无法摆脱对它自己和它的笨拙的气愤的。自然把哲学家像一支箭一样射向人类，它并不瞄准，但它希望这支箭会落到某处。然而，它无数次地弄错了，于是它恼羞成怒了。它在文化领域里行事就像它播种植物时一样挥霍。它用一种笼而统之、粗枝大叶的方式来实现自己的目的，这样它便牺牲了太多的力量。艺术家同其作品的鉴赏者和爱好者之间的关系，犹如一门重炮之于一群麻雀。为了甩掉一片雪花而造成一次雪崩，为了击中某人鼻子上的一只苍蝇而把那个人击毙，这是莽汉的举动。艺术家和哲学家是一个反证，驳斥了自然在其手段方面的合目的性，即使他们为其目的之聪慧提供了出色的证据。它本应击中一切，却总是甚少击中——而且这少数也不是以它发射艺术家和哲学家那样的强度击中的。令人悲哀的是，作为原因的艺术和作为结果的艺术不得不受到如此截然不同的评价：它作为原因何其壮伟，它作为结果何其孱弱，如同余音一般！毫无疑问，艺术家遵循自然的意志，他是为他人的幸福创作的。尽管如此，他仍明白，在这些他人之中，绝不会有人像他自己那样地理解和喜爱他的作品。由于自然的笨手笨脚，他必须具备最高水平的爱和理解，如此方能唤来较低水平的爱和理解；伟大高贵被用作了造就相对渺小卑贱之物的手段。自然经营得很不高明，它的支出远远大于它的收入；不管它多么富有，它迟早有一天会破产。如果它的治家原则是少量的费用和百倍的收益，它的安排就合理多了，譬如说，只有少量的艺术家，他们只具备较少的力量，而同时配备以数量充足的接受者和欣赏者，让他们具备比艺术家本身更强有力的性格。这样，艺术品的效果相对于原因就会是百倍响亮的回声了。或者，难道我们至少不该期望，原因和结果在强度上相当；可是自然落后于这期望多么遥远啊！艺术家，特别是哲学家看起来像是他们时代中的**偶然之物**，宛如隐士，或者宛如散兵游勇。我们不妨扪心自问一下，叔本华在一切方面皆多么伟大——而他的影响却多么微小，多么荒唐！叔本华在这个时代中显得可有可无，而迄今为止由于这个时代的强权和虚弱，使他的影响如此地萎缩，对于当代每一个诚实的人来说，没有比目睹这种情形更感羞辱的了。令他愤恨的是，他一开始并且长久地没有读者，这使他对我们这个文学时期常抱讥讽的态度，后来读者来了，但他的这些最早的证人完全不合格。当然，在我看来，还应加上所有现代人对于书籍的迟钝，他们已经根本不想严肃地对待书籍了。一种新的危险也渐露端倪，它源自形形色色的想使叔本华适合于这个软弱的时代，或者甚至想把他当作怪异刺激的作料，宛若一种形而上学的胡椒粉来涂抹的企图。因此，尽管他渐渐为人们熟悉和扬名天下，我相信现在知道他的名字的人数已经超过知道黑格尔的人数，可是，他仍旧是一个隐士，直至现在仍谈不上什么影响！迄今为止阻碍其影响的功劳并不属于他在文学上的真正对手和敌人，理由在于，第一，很少有人能够忍受住读他们的作品，第二，能够忍受住的人则被作品直接吸引到了叔本华那里；因为即使一个赶驴子的人贬低良马，而把他的驴子吹到天上，谁会被他挡住而不去骑那匹良马呢？

一个人认清了这个时代本性中的不合理，他就一定会寻找略加补救的手段；不过，他的任务应该是使自由思想家以及深受我们时代之苦的人们与叔本华结识，把这些人集合起来，造成一道急流，其力量足以克服自然在利用哲学家时通常而且今天仍表现出的笨拙。这些人将发现，妨碍一种伟大哲学发生影响的障碍物，也就是横在一个伟大哲学家诞生之路上的障碍物；因此，他们可以把他们的目标确定为促进叔本华的再生，亦即促进哲学天才的再生。然而，从一开始就阻止他的学说传播和产生影响的东西，终于又不择手段地要阻止哲学家再生的东西，一言以蔽之，就是今日人性的猥琐；所以，一切正在形成中的伟大人物都必须做出难以置信的努力，拯救自己以摆脱这种猥琐。他们现在踏入的这个世界充斥着胡说八道；它们未必只是宗教教条，也包括诸如"进步""普及教育""民族""现代国家""文化斗争"这些荒谬概念；是的，人们可以说，现在所有的普通名词都披戴着人为的、不自然的装饰，因而比较聪明的后代将会谴责我们的时代扭曲和畸形到了极点——不管我们仍在多么响亮地夸耀我们的"健康"。叔本华说过,古代器皿的美在于,它们以一种如此朴素的方式表达了它们本来的性质和用途;这一点同样适用于古代所有其他的器具;人们会感到,自然产生了花瓶、陶罐、灯、桌椅、头盔、盾牌、甲胄,等等,它们正应该是这个样子的。[1] 相反,在今天,几乎每个人都在操作艺术、国家、宗教、文化——出于好心且不谈我们的"器皿"——谁仔细观察了这种情况,他就会发现,现代人在表达时显示了一种野蛮的任性和夸张,而对于正在形成中的天才最为不利的恰好是,如此奇怪的概念和如此乖张的需要横行于他的时代,这些东西是沉重的压力,当他握犁耕耘时,它们如此频繁、不动声色、不可理喻地朝下牵掣他的手臂——因此之故,即使是他最好的作品,由于要使劲朝上拽,也必然在一定程度上带有这种拼搏的印记。

在最幸运的情形下,依靠某些条件的帮助,一个已经诞生的哲学家至少未被上述那种猥琐的时代风气扼杀。当我归纳这些条件时,我发现了叔本华的一些情况,至少大体而论,它们正是叔本华得以成长的部分条件。尽管还存在着相反的条件,即在他那位图慕虚荣、爱好文学的母亲身上,时代的猥琐距他咫尺之遥。然而,他的父亲的骄傲的、共和派色彩的自由性格仿佛拯救了他,使他免遭他的母亲毒害,给了他一个哲学家最需要的东西,一种刚直粗犷的男子气概。这位

---

[1] 参看叔本华《附录和补遗》第2卷,第19章,第214节。

父亲既非官员，亦非学者，他经常带着年轻的儿子周游列国——对于一个应该学会认识人而不是书本、尊敬真理而不是政府的人来说，这样做真是受益无穷。在这些日子里，他对民族界限的感觉迟钝了，或者说异常尖锐了；他生活在英国、法国和意大利犹如生活在自己的故乡，对西班牙的精神感到十分亲切。他丝毫不认为生而为德国人是一种荣耀；我不知道，在新的政治形势下，他是否会改变想法。众所周知，关于国家，他坚持认为，它的唯一目的应该是提供保护，使公民免受外部、内部以及保护者本身的侵犯，倘若有人想在保护之外强加给它其他目的，就会把真正的目的置于危险之中。所以，令一切所谓自由主义者吃惊的是，他把他的财产遗赠给了1848年在为秩序而进行的斗争中牺牲的那些普鲁士士兵的遗属。从现在起，如果一个人懂得简单地看待国家及其责任，这很可能将始终是精神上优秀的标志；因为一个身上有furor philosophicus（哲学的狂热）的人不会再有余暇留给furor politicus（政治的狂热），将明智地拒绝每天读报，更不必说替一个政党效劳了：尽管不排斥在某个时刻，当他的祖国面临现实的危急之时，他会坚守在他的岗位上。任何一个国家，倘若还要除政治家之外的其他人来为政治操心，就必定治理得很糟，它活该毁在这么多政客手中。

对叔本华极为有益的另一情况是，从一开始就不打算让他成为学者，没有让他接受这方面的教育，事实上，尽管是违心地，他在一家商行里工作了一段时间，从而在整个青年时期呼吸着一家大公司的自由空气。一个学者绝不可能成为一个哲学家；因为即使康德也未成正果，虽然天生其才，富有潜力，但直到最后仿佛仍然处于蛹化状态。谁若认为我的这些话对康德有失公正，他便是不懂得何为哲学家，哲学家不仅是一个大思想家，而且也是一个真实的人；而一个真实的人何尝脱胎于一个学者呢？谁让概念、意见、掌故、书本横插在自己和事物之间，因而，谁是为广义的历史学而生的，他就绝不能初次地看事物，他自己也绝不是一个这样被初次看见的事物；然而，在一个哲学家那里，这两个特点是相辅相成的，因为他必须从自己身上获取大多数教导，他自己要充当整个世界的原型和缩本。如果一个人总是借助别人的意见来看自己，那么，他在自己身上除了别人的意见外别无所见，这又有什么奇怪呢！学者就是这样的人，就是这样活、这样看的。相反，叔本华却无比幸运，不仅就近在自己身上，而且在自己之外、在歌德身上观察天才，通过这双重的镜像，他彻底领悟了一切学术目标和文化，从而变得智慧。依靠这一经验，他懂得了自由而坚强的人是怎样造就的，这样的人正是每种艺术家文化所渴望的；具备了这种眼光，他怎么还会兴致勃勃地去从事现代人那种学究风格或伪君子风格的所谓"艺术"呢？他甚至还看见了更高的东西，一个威严的超世法庭，一切生命，包括最高、最完善的生命都在那里受到了评估和被过于轻率地判决：他看见了作为存在之审判者的圣徒。叔本华在他后来的所有作品中都试图描绘这幅生命的图画，但我们完全无法确定，他是多早发现它的；我们可以证明他在少年时期，或者相信他在童年时期就已经看到了这个可怕的幻象。他后来从生活和书籍中、从各个科学领域中吸取的一切，对他来说不过是颜料和表达手段罢了；甚至康德哲学也主要是被他用作一种特别的修辞工具，他相信借之可以更清晰地说明这幅图画，正如他有时候还把佛教和基督教神话用于相同的目的一样。对于他来说，只存在着一项使命以及解决它的成百种手段，一个意义以及表达它的无数象形文字。

他的生存的优越条件是，遵循他的座右铭 vitam impendere vero（为真理献身），能够真正为这样一项使命而生活，没有生活困苦所固有的卑下行径压抑他。众所周知，他为此多么感激他的父亲；而与此同时，德国的理论家们却大多放弃了性情的纯正，以履行其科学的职责，宛如"顾虑重重的叫花子"，贪图地位和名声，谨小慎微，卑躬屈膝，向权威献媚乞怜。可惜的是叔本华与此辈风貌迥异，他之所以得罪了许多学者，最大原因便在于此。

八、把哲学从学院里驱逐出去

> 国家为了自己的利益养活哲学奴仆。学院哲学家从事学术工作也远不如具体学科的学者,把哲学弄成了一个可笑的东西。大学里的哲学教育与哲学毫无关系。取消国家对哲学的庇护,把哲学从学院里驱逐出去,借此恢复哲学的尊严。

我们列举出一些条件,靠了这些条件,尽管有种种相反的不利因素,我们时代的这位哲学大才至少得以产生:性格中奔放的男子气概,早年对人的认识,未受学者式的教育,没有爱国主义的创伤,没有生计的逼迫,与国家没有瓜葛——简言之,自由,永远是自由,希腊哲学家在这同样既奇特又危险的要素中成长。如果有人想指责他是一个坏公民,如同尼布尔[1]指责柏拉图的那样,那就请他自己去做一个好公民吧。这样,他和柏拉图就各得其所了。还有人会把这种伟

---

1 尼布尔(B. Georg Niebuhr,1776—1831),德国历史学家,创立原始资料鉴定法。

大的自由解释成放任，那他也有道理，因为他自己拿这种自由做不成任何好事，如果他为自己争得了它，当然就会非常放任了。这种自由确实是一桩大罪；唯有通过伟大的行动，它才能为自己赎罪。的确，每个凡夫俗子都有权怒视这样的宠儿，但愿有一位神灵能够保护他免受如此宠爱，而这意味着免于承担如此可怕的责任。否则，他真会立刻毁于他的自由和他的孤独，因为无聊而变成一个傻瓜，一个恶毒的傻瓜。

有的父亲也许会从我迄今所说的话中学到一点东西，恰当地运用于对他儿子的私人教育；虽则老实说，我并不期望父亲们都一心一意要有个哲学家做儿子。在一切时代，父亲们很可能都不愿意自己的儿子具备哲学家素质，视其为最大的怪癖；众所周知，苏格拉底就因为"诱惑青年"而触怒了父亲们，招致杀身之祸，由于这个原因，柏拉图才认为必须建立一种全新的国家，使得父亲们的愚蠢不致影响哲学家的产生。表面看来，柏拉图好像真的有了一点结果。因为如今现代国家都把培养哲学家视为它的任务，随时准备惠赠一部分人以"自由时间"，而我们是把"自由时间"看作哲学家赖以形成的根本条件的。可是，柏拉图在历史上有一种奇怪的不幸：只要有一种在本质上同他的建议相合的东西产生，仔细一看，这东西就总是被精灵掉了包，换成了一个丑婴，例如相对于他所梦想的"诸神之子"的统治，实现的却是中世纪的教士国家。虽然现代国家距哲学家统治的理想无限遥远——每个基督徒都会补充说：赞美上帝！——但是，即使是它所理解的那种对哲学的推动，也必须分析一下它是否是按照柏拉图方式理解的,我的意思是指:是否如此严肃而真诚,宛若把造就新的柏拉图当作自己的最高目标。既然哲学家在其时代中通常都显现为偶然的现象,那么,现在国家是否真正给自己提出了任务,自觉地把这种偶然性变成一种必然性,在这方面也给自然以帮助呢?

遗憾的是经验给了我们更好的——或更坏的——教训,它告诉我们:涉及天生的伟大哲学家,阻碍他们产生和发生影响的莫过于国家培养的那些坏哲学家了。一个令人不快的话题,可不是吗?——众所周知,叔本华在他论学院哲学的著名文章[1]中首次挑明了这个话题。现在我回到这个问题上来,因为必须迫使人们严肃地对待它,这就是说,要由它而决定采取行动,我认为凡是不能这样敦促行动的话都是白写的;无论如何,再次用实例来阐明叔本华的永远有效的命题,并且直接同当代人联系起来,这样做是对的,因为好心肠的人也许会认为,自从他做此严厉谴责以来,德国万事都有了改善。尽管这一点很微不足道,他的著作在这一点上也没有过时。

仔细看来,如今国家为了哲学的利益而惠赠给一些人的上述那种自由根本就不是自由,而是一种养活它的臣仆的设施。因而,所谓对哲学的推动仅仅在于,国家现在至少使一定数量的人能够靠他们的哲学生活,亦即他们能够把哲学当作谋生手段了。相反,古希腊的哲人却不从国家那里领取薪

---

1 指叔本华《论学院哲学》一文,载于《附录和补遗》第2卷。

水，而最多是像芝诺[1]那样获得一顶金冠和克拉美科斯山[2]上一块墓碑的荣耀。为真理效劳是否要指点一条路，告诉人们如何靠真理生活，对此我无法笼统地回答，因为这完全取决于被告以这一条路的那些个人的品性和素质。我完全可以想象一种很高的骄傲和自尊，它使一个人敢于向别人说："关心我吧，因为我有更好的事要做，那就是关心你们大家。"在柏拉图和叔本华身上，这样大器的信念及其表达是不会令人吃惊的；所以，即使他们也可以成为学院哲学家，就像柏拉图一度做过宫廷哲学家那样，却并不会降低哲学的价值。然而，康德却不脱学者的故态，患得患失，低声下气，在对国家的关系上有失风度，所以，一旦学院哲学遭到谴责，他就无法为之辩护。但是有一种人是能够为之辩护的——如叔本华和柏拉图——我只担心一点：他们永远不会有这样的机会，因为国家绝不敢重用这种人，授以相当的职位。原因何在？因为任何国家都害怕他们，永远只会重用它不怕的哲学家。实际情况是，国家一般来说总是害怕哲学的，在此情形下，它就愈发想把更多的哲学家吸引到自己身边来，他们给了它一种假象，仿佛哲学是站在它这一边的——因为这些顶着哲学之名的人站在它这一边，而且他们如此不会令人害怕。可是，假

1　古希腊有两位名叫 Zeno 的哲学家，一位是约公元前490至前436年的埃利亚的芝诺，另一位是约公元前336至前264年的季蒂昂的芝诺。这里说的是前者。

2　克拉美科斯山（Ceramicus），古代雅典两座公墓的名称，分布在城墙内外，其中城墙外的那座埋葬最有功绩的雅典人。

如出现了一个人，这个人果真铁面无私地要用真理之刀解剖一切，包括解剖国家，由于国家首先要肯定自己的存在，它就有权排斥这样的人，把他当敌人对待；这就好像它要排斥企图凌驾于它、充当它的审判者的宗教，把这种宗教当敌人对待一样。所以，如果谁甘愿做一个御用哲学家，他就必须同时甘愿让国家相信，仿佛他已经放弃无所禁忌地追求真理。最低限度，只要他还受着垂顾和雇佣，他就必须承认有一种东西高于真理，那就是国家。而且不仅仅是国家，还包括国家为自身利益而要求的一切，例如某种宗教形态、社会秩序、军事宪法——在所有这些东西上都写着：noli me tangere（勿碰我）。可曾有过一个学院哲学家弄清楚了他的责任和限制的范围？我不知道；假如有人弄清楚了而仍然受雇于国家，他就必定是真理的一个坏朋友；假如他从未弄清楚——那么，我要说，他也就从来不是真理的朋友。

这是最一般的思考，然而，对于今天的人们来说，类似的思考当然是极其无力和无所谓的。大多数人会满足于耸一耸肩膀说："仿佛不向人的卑下本性让步，这世界上伟大纯洁的事物仍然能够站住脚似的！难道你们宁愿国家迫害哲学家，而不愿国家养活他并让他为自己服务？"我暂时不回答这后一个问题，仅仅补充一点：目前，哲学对国家的这种让步走得太远了。首先，国家为自己挑选它的哲学奴仆，并且其数量恰好符合它的机构之所需；它装出能够区分哲学家之优劣的样子，甚至假定总是有足够的**好哲学家**以填充它的全部教席。如今，不但在好哲学家的性能上，而且在好哲学家的必要人数上，它都是权威。其次，它强迫自己所选出的哲学家留在一个确定的位置上，处在一群确定的人中，从事一种确定的工作；他们必须给每个对课程有兴趣的学生上课，并且日复一日，有固定的钟点。请问，一个哲学家真的能够良心坦然地承担起这一责任，每天都有可以教给别人的东西吗？他能够把这东西教给每一个想听的人吗？他不会显得比他实际所知更博学吗？他岂非必须在不熟悉的听众面前谈论唯有向最知心的朋友才能准确表达的想法？归根到底，他岂非被剥夺了他的最神圣的自由，即当内心的天才召唤和指引他之时顺从的自由？——于是，他有了一种义务，便是要在确定的钟点当众思考预定的问题。而且是在年轻人面前！这样的思考岂非一开始就好像去了势？倘若有一天他觉得："今天我想不出什么，没有任何惊人的思想。"可是尽管如此，他仍必须装出在思考的样子，该是什么情景！

然而，也许有人会反驳说，他本来就不是思想家，最多是模仿和重复别人思想的人，而首先是熟知以往所有思想家的一个博学家罢了；关于这些思想家，他总是能够讲述一些他的学生所不知道的东西。——哲学向国家承担义务，首先和主要成为一种广博的学识，特别是哲学史知识，这正是它向国家做出的第三种最危险的让步。相反，天才则像诗人那样怀着爱心单纯地看事物，而不能沉溺于其中，因此对于他来说，在无数别人彼此矛盾的意见中翻掘乃是最讨厌最不适宜的事情。无论在印度，还是在希腊，渊博的历史知识从来都不是一个真正的哲学家的事；一个哲学教授却必须做这件事，当他专心于这类工作时，在最好的情形下，如果人们说他是一个出色的语文学家、古董鉴赏家、语言学家、历史学家，而从不说他是一个哲学家，他就应该满意了。这仅是最好的情形，因为观察表明，当学院哲学家们从事学术工作时，一位语文学家会觉得他们多半做得很差，缺乏科学的严格性，往往还沉闷得令人生厌。例如，里特尔[1]、布兰迪斯[2]和策勒尔[3]的博学的著作尽管不很科学，可惜却十分沉闷，给希腊哲学家的历史罩上了一层使人昏昏欲睡的迷雾，谁能把它从中解救出来？至少我宁愿读第欧根尼·拉尔修[4]而不是策勒尔，因为在前者那里，古代哲学家的精神至少还活着，而在后者那里，不论是古代哲学家的精神还是别的什么精神都死去了。最后，哲学家的历史与我们的青年究竟何干？难道要他们在别人意见的迷宫里丧失独立思考的勇气？难道要训练他们一同为我们把历史追溯得如此遥远而欢呼？难道要他们学会彻底憎恨和蔑视哲学？我们几乎要相信这一点了，倘若我们知道，由于哲学考试，大学生们是如何备受折磨，不得不把人类精神产生过的最疯狂最尖锐的想法，连同最伟大最

---

[1] 里特尔（Heinrich Ritter，1791—1869），德国哲学教授，著有《用哲学史教育哲学家》。

[2] 布兰迪斯（August Brandis，1790—1867），德国哲学家、古典语文学家，著有《希腊罗马哲学手册》《希腊哲学发展史》。

[3] 策勒尔（Eduard Zeller，1814—1908），德国哲学家，著有五卷本《希腊人的哲学的历史发展》。

[4] 第欧根尼·拉尔修（Diogenes Laertius），活动于公元3世纪的希腊作家，著有《名哲言行录》。

难懂的想法一起,统统塞进可怜的头脑。对于一种哲学唯一可能的和有意义的批评便是检验一下能否依据它生活,但是,在大学里从来不教这样的批评,所教的只是用文字批评文字。我们不妨想象一颗年轻的缺乏生活经验的头脑,其中杂陈着五十种文字的体系和五十种同样是文字的批评——何等的混乱,何等的野蛮,对于哲学教育何等的讽刺啊!事实上,这种教育与哲学毫无关系,仅仅是为了哲学考试,其众所周知的通常的结果是,考生——唉,被考得筋疲力尽的考生——深深叹一口气,对自己说:"感谢上帝,我不是哲学家,而是一个基督徒和普通国民!"

倘若这一声叹息正是国家的目的,"哲学教育"仅是教人离弃哲学,又怎样呢?我们不妨如此自问。——但是,如果事情真是这样,只有一点是可担忧的:年轻人终将追究哲学在这里遭到滥用的动机。难道造就哲学天才这一最高目标只是一个借口?真正的目的也许正是阻挠其产生?难道意义被颠倒了?那么,走着瞧吧,机关算尽、狼狈为奸的国家和教授们!

个中消息是否已经流传开来了?我不知道;无论如何,学院哲学业已遭到了普遍的蔑视和怀疑。其部分的原因是,如今恰好是一帮孱头占据着讲台;叔本华如果现在来写他那篇论学院哲学的文章,他就无须再用大棒,一根稻草便足以取胜。这是那些用肛门思考的思想家——其头脑却曲里拐弯,曾遭叔本华的痛打——的后裔,他们看上去形同婴儿和侏儒,令人不由得想起一句印度格言:"人依业而生,愚、哑、聋、畸皆然。"正如这句格言所说，依据他们的"业"，那些父亲只配有这样的后代。由此我们不必怀疑，大学生们很快就会撇开学院里教授的哲学而自助，而校外的青年们现在已经撇开它而自助了。人们只需回顾一下自己的大学时代；譬如说，我当时就觉得那些学院哲学家们是一些完全不值得认真对待的人，在我眼里，这些人无非从其他学科的成果中替自己搜罗点什么，业余时间读读报纸和在上面寻找音乐会的消息，并且被他们的同事用一种彬彬有礼地掩饰着的轻蔑态度对待。只要确信他们所知甚少，丝毫不为含糊其辞地转移话题而感到尴尬，人们也就不会因为他们的无知而失望了。所以，他们怀着偏爱坚守在那些光线朦胧的地方，在那里，一个眼睛明亮的人是无法长期忍受的。一个人反驳一切自然科学说："既然没有人能给我完全解释清楚一个最简单的变化，它们和我又有什么关系？"另一个人针对历史说："对于一个有理念的人来说，它说不出任何新东西。"——总之，他们总是能找到理由，证明为何一无所知比学有专攻更具哲学意味。然而，如果他们进行学习，他们就怀着一种隐秘的冲动，试图逃避已有的学科，而在它们的某个空白点或模糊点上建立一个很不明确的领域。他们仅仅还在这个意义上走在科学的前面，就像走在猎人前面的猎物。最近，他们因为下述主张而兴高采烈：原来他们只是科学的边防哨和监护人；在这方面，康德学说尤能为他们效劳，他们从中辛勤地制造出了一种懒惰的怀疑主义，但是很快就不会有人关心它了。不过，他们中间还会时而冒出一个人，犹豫不决地跃向一种小小的形而上学,其通常的结果是眩晕、头痛和流鼻血。他们腾云驾雾的旅行常常遭到惨败,总是会有某一个具有真正严格科学头脑的愣小伙子揪住他们的头发,把他们拖到地面上来,而他们便露出一副惯常的行窃被罚的忸怩神态。他们已经完全失去了快乐的信心,以至于无人还能体会哲学思考的丝毫乐趣。过去,他们中的一些人自信能够发明新的宗教,或者能够把老的宗教纳入自己的体系;现在他们已经毫无这样的傲气了,他们大多是一些虔诚、畏缩、愚钝的人,绝无卢克莱修[1]那样的勇敢,对于人身的压迫敢怒而不敢言。在他们那里也不再能学到逻辑思维了,出于对自身能力的合理评价,他们中止了日常的辩论练习。毫无疑问,人们如今感到,比起所谓哲学家来,具体学科的科学家要更讲逻辑、更谨慎、更谦虚,简言之,更哲学,以至于每个人都会赞同那位见识不俗的英国人白哲特[2]就当今的体系建造者所说的话:"谁不是几乎预先就确信,他们的前提含有真理与谬误之惊人的混合,因而不值得费神去审察其结论了?这种体系的自圆其说也许会吸引青年人,给缺乏经验之辈留下印象,但是受过良好教育的人是不会被它迷惑的。这样的人总是善意地接受各种征兆和猜测,欢迎一切最微小的真理——然而,却对一部演绎哲学的巨

---

[1] 卢克莱修(Lucretius,约公元前99—前55),古罗马哲学家、诗人,传世作为《物性论》。
[2] 白哲特(Walter Bagehot,1826—1877),英国经济学家、政论家、文学评论家,著名的《经济学家》杂志主编,维多利亚女王时代最有影响的新闻工作者之一。

著报以不信任。无数未经证明的抽象原理被乐天的人们匆忙地收集起来,又在书本和理论中细致地铺陈,以求用它们说明整个世界。可是,世界毫不关心这些抽象,这倒并不奇怪,因为它们是彼此矛盾的。"如果说在过去,哲学家,尤其是德国哲学家耽于沉思默想,因而常有以头触梁的危险,那么现在,就像斯威夫特[1]讲述的勒普泰岛民的故事,他们有了一大群敲打者,逮着机会就朝他们的眼睛或别的地方轻轻打一下。有时候也许会打重了点儿,这些脚不着地的人便失去了自制,举手回打,结果总是自招羞辱。"你没有看见房梁吗,你这糊涂虫!"敲打者说道,而哲学家常常便真的看见了房梁,于是又变得心平气和。这些敲打者就是各门自然科学和历史学;它们用这种方式逐渐吓住了德国的梦幻业和思维业——长期以来,这些产业被与哲学混为一谈——使得那些思维业主甘愿彻底放弃了独立行走的企图;可是,一旦他们突然想要投入它们的怀抱,或者系一根襻带让它们牵着走,就立刻遭到它们最可怕的敲打——它们仿佛想说:"就欠这样一个思维业主来玷污我们的自然科学和历史学了!滚蛋吧!"于是他们缩了回去,心里发虚,一筹莫展:他们实在希望手里有一点儿自然科学,诸如经验心理学之类,就像赫尔巴特[2]主义者那样,也实在想有一点儿历史学——然后他们至少能够堂而皇之地行

---

1 斯威夫特(Jonathan Swift, 1667—1745),英国最优秀的讽刺作家,代表作是寓言小说《格列佛游记》。
2 赫尔巴特(J. Friedrich Herbart, 1776—1841),德国哲学家、教育家。

事，仿佛他们是在以科学的态度工作，虽然他们暗中是想葬送一切哲学和一切科学。

我们承认这些坏哲学家是可笑的——谁会不承认这一点呢？——但他们在多大程度上也是**有害的**？简短地回答：看他们在多大程度上把哲学弄成了一个可笑的东西。只要国家认可的肛门思想家体制仍然存在，一种真正的哲学的任何伟大影响就会遭到遏制，至少会被推迟，而在这方面为害最烈的莫过于对它的丑化了，那些伟大事物的代表每每招致这种丑化，并为其所累。所以，我认为这是文化的要求：取消对哲学的一切国家的和学院的认可，从根本上废除国家和学院所不能胜任的甄别真伪哲学的任务。让哲学家们始终自发地生长，不给他们以任何获取公职的希望，不再用薪金鼓励他们，甚至更进一步，迫害他们，歧视他们——你们便会目睹一种奇景！他们将作鸟兽散，四处寻找一片屋顶，这些可怜的假哲学家；这里显出了一个牧师的原形，那里显出了一个中学教员的原形，有人钻进报纸编辑部，有人给女子高中编写教科书，他们中最理智的人握起了犁铧，最虚荣的人向宫廷投奔。转瞬间万物皆空，鸟雀俱飞，因为要摆脱坏哲学家是很容易的，只消不再优待他们就可以了。比起以国家的名义公开庇护任何一种哲学——不管它自以为是怎样的哲学——来，这无论如何是一个更好的建议。

国家从来不关心真理，只关心对它有用的真理，更确切地说，只关心一切对它有用的东西，不管这东西是真理、半真理还是谬误。因此，只有当哲学能够许诺无条件地有益于国家，亦即置国家利益于真理之上时，国家与哲学的联盟才有某种意义。当然，倘若有真理来为它服务，替它卖命，这对国家未尝不是美事；可是，它很明白，真理在本质上是决不服务和决不卖命的。这样，它所拥有的只是假的"真理"，一个戴假面具的角色，而且遗憾的是，这个角色也不能为它做成它从真正的真理那里求之不得的事情：宣告它的有效性和神圣性。在中世纪，如果一个国王想让教皇为他加冕而未能如愿，他就会任命一个与教皇敌对的人为教皇，由这人来替他做这件事。这在一定程度上是行得通的；但是，如果现代国家任命一种与哲学敌对的东西为哲学，由这东西来使自己合法化，就行不通了；因为始终有哲学与它为敌，现在更是如此。我极其认真地相信，对哲学毫不关心，不抱任何希望，尽可能长久地听之任之，视同可有可无，这对它是更为有利的。倘若哲学不甘于如此可有可无，起而威胁和攻击它，它就可以对其施加迫害了。——既然国家对大学别无兴趣，只想通过大学培养顺从的、有用的公务员，它就应该想到，如果它强求这些年轻人参加哲学考试，他们的顺从和有用就会成问题。虽则对于那些愚钝的脑瓜来说，把哲学变成一个考试的鬼魂不失为一种吓退他们的办法，可以使他们不敢从事哲学的研究；但是，这个好处不能抵偿上述强迫性考试在大胆活泼的学生身上产生的害处；他们学会了阅读禁书，开始批判他们的老师，并且终于看清了学院哲学及其考试的目的——更不用说那些年轻的神学家了，他们在这种情形下会疑虑重重，因此而在德国渐渐绝种，就像蒂罗尔[1]的北山羊那样。——我知道，只要遍地还生长着美丽葱郁的黑格尔庄稼，国家便会对这一切见解提出怎样的反驳。然而，自从冰雹横扫这些作物，丰收的诺言成为泡影，谷仓依然空空荡荡——在这以后，人们就再也无须反驳，而是宁愿甩掉哲学了。现在人们有了这个权力，而当时，在黑格尔时代，人们向往着这个权力——这是一个重大的区别。国家不再需要由哲学来认可，因而哲学对于它已变成累赘。如果它不再供养哲学教授们，或者如我对最近未来所假定的，只是表面地、马虎地供养他们，那么，这对它是有利的——在我看来，更重要的毕竟是大学也将从中受益。至少我可以认为，倘若一个真正科学的场所摆脱了同半吊子科学的联合，就必定能更好地前进。在这方面，大学的态度是很难让人尊敬的，校方人士本身极不重视学科的淘汰，使得人们对此根本不能抱有希望。校外人士有充分的理由蔑视一切大学；他们谴责大学，说它们是怯懦的，少数人害怕多数人，多数人害怕公众舆论；说它们在一切高级文化事务上都不是走在前列，而是一瘸一拐地落在后头；说那些名牌学科原有的基本方向已经完全不再被坚持了。例如，现在人们空前地热衷于语言学习，可是并不认为自己有必要在写作和演讲方面接受严格的训练。印度古代思想已经敞开大门，但是对于它的问津者来说，印度典籍和印度哲学仍然几乎如同对牛弹琴，虽则叔本华业已指出熟悉

---

[1] 蒂罗尔（Tyrol），奥地利的州名。

印度哲学有极大好处，我们这个世纪尤将受益无穷。经典古代文化变成了随便哪一种古代文化，不再发挥经典和榜样的作用；研习这门学科的学生便是证明，他们绝非可做榜样的人。弗里德里希·奥古斯特·沃尔夫[1]的精神哪里去了？关于他，弗兰茨·帕索夫[2]可以说，他看来有一种真正爱国、真正人道的精神，他肯定有力量把一个国家投入骚乱和烈火——这种精神哪里去了？相反，在大学里，倒是新闻记者的精神正在旗开得胜，并且往往顶着哲学的名义；流畅漂亮的朗诵，大谈浮士德和智者纳旦[3]，我们那些令人恶心的文学报刊的语言和观点，以及最近关于我们神圣的德国音乐的种种废话，乃至于开设席勒和歌德课程的要求——这些迹象表明，大学精神正开始把自己同时代精神混为一谈。当此之时，我认为最有价值的事情便是，有朝一日在大学之外产生一个更高的法庭，它将就这些教育机构所推行的文化进行监视和审判；而只要哲学被大学驱逐，从而清除了一切委琐的顾虑和阴影，那么，它绝不会变成别的什么，恰好就是这样一个法庭：没有国家的权力，没有薪金和荣誉，它将懂得做出它的服务，既不顺从也不畏惧时代精神——简言之，如同叔本华所经历的，作为审判他周围的所谓文化的一名法官。那时候，哲学对大学也

1　沃尔夫（Friedrich August Wolf，1759—1824），德国著名学者，现代语文学的奠基人，代表作为《荷马引论》。
2　帕索夫（Franz Passow，1786—1833），德国学者，古典语文学家。
3　智者纳旦，德国剧作家莱辛的同名剧本中的主角。

能够有所帮助，倘若它不是与大学结合，而是从一个尊严的距离之外俯瞰它的话。

可是，说到底——国家的存在、大学的发展与我们何干，既然我们首先关心的是哲学在世上的存在！或者——为了明确无疑地表达我的意思——既然对于我们来说，一个哲学家的诞生无限地高于一个国家或一所大学的继续存在。按照这一尺度，舆论的压迫愈严重，自由愈是遭到威胁，哲学就愈有尊严；在罗马共和国崩溃时期和罗马帝国时期，它的尊严达到了顶峰，当时它的名称和历史的名称变成了 ingrata principibus nomina（令帝王们不快的名字）。布鲁图[1]比柏拉图更多地证明了它的尊严；这是那样一个时代，其时伦理学不复是陈词滥调了。如果说哲学在今天不太受尊敬，那么，人们不妨问一下，为何今天没有大统帅和大政治家研习哲学——原因只在于，当他们寻找哲学的时候，以哲学的名义迎接他们的是一个虚弱的幽灵，是那种博学的聪明谈吐和谨慎口风，简言之，是因为对于他们来说，哲学暂时成了一种可笑的东西。可是，它对于他们应该是一种可怕的东西；这些以谋取权力为职业的人应当明白，哲学中涌流着怎样的英雄主义源泉。有一位美国人会告诉他们，一个来到这个世界上的伟大思想家，作为一个新的巨大力量的中心，他将意味着

1　布鲁图（Marcus Junius Brutus，约公元前85—前42），刺杀罗马独裁者朱利乌斯·恺撒的密谋集团的领袖。在莎士比亚戏剧《裘力斯·恺撒》中，只有他是出于正义才参与谋杀恺撒的暴动。同时是一名斯多葛派学者，著述甚多，均已佚失。

什么。爱默生[1]说:"当伟大的上帝让一个思想家来到我们的星球上时,你们要小心。那时候,万物都有危险了。这就好像一座大城市爆发了火灾,没有人知道到底什么东西还是安全的,火灾将在何处结束。科学中的一切都不要想逃脱一夜之间被颠覆的下场,任何学术名望都不再有效,包括所谓永恒的名声;迄今为止对于人们宝贵的和有价值的一切东西,现在只被看作出现在其精神视野中的一些观念,它们造就了现有的事物秩序,就像树结果实一样。**顷刻之间,一种新的文化水准迫使整个人类追求系统发生了彻底变革。**"[2] 如果说这样的思想家是危险的,那么,为什么说我们的学院思想家是毫不危险的,当然就很清楚了;因为他们的思想如此平稳地在传统中生长,一如树结果实一样。他们不令人生畏,他们毫无盎格鲁人的气质;而关于他们全部的所作所为,可以用第欧根尼[3]的一句话来说明,他在听人称赞一个哲学家时反驳道:"他究竟有什么伟绩可炫耀,既然他搞了这么久哲学,却没有**伤害过任何人**?"是的,应该在学院哲学的墓碑上刻写:"它没有伤害过任何人。"这诚然更像是对一个老妇的称赞,而不像是对一位真理女神的赞美,如果有人把真理女神仅仅看作一个老妇,那么,这种人毫无男子气,并因此遭到有男子气

---

1 爱默生(R. Waldo Emerson, 1803—1882),美国作家、思想家,美国文艺复兴的领袖。
2 语出爱默生《尝试》。
3 第欧根尼(Diogenes of Sinope,约公元前404—前323),希腊犬儒派哲学家的代表。

的人鄙视，便是毫不奇怪的了。

可是，假如我们的时代情况如此，哲学的尊严就要遭到践踏了，它似乎变成了一种可笑的或可有可无的东西，因此，它的一切真正的朋友都有责任作证反对这种混淆，至少要指出，唯有哲学的那些假仆人和不够格的从事者才是可笑的或可有可无的。更好的是用行动来证明，对真理的爱乃是一种可怕的和强有力的东西。

叔本华业已证明了这两个方面——并将日复一日地继续做出证明。

重要语词译表

das ächte Kind der Zeit 时代的嫡子
der akademische Philosoph 学院哲学家
das Bild des Lebens 生命之画
Bildner 教育家，塑造家
Bildung 教育，塑造，教化
Dasein 人生，存在，此在
Einzigkait 独特性
Erzieher 教育家，教师
Erziehung 教育，培训
der Gelehrt 学者
Genius 天才
Grundgesetz 基本法则
Journalismus 新闻主义
Kultur 文化
Menschlichkait 人性
mich selbst zu erziehen 自我教育
Relativismus 相对主义

Selbst 自我

das Sein 存在

Sittlichkait 道德，德行，美德

Skepticismus 怀疑主义

Stiefkind der Zeit 时代的养子

Vereinsamung 孤独

das Werden 生成

Wesen 本质

（全书完）

我的哲学之师叔本华

作者 _ [德]弗里德里希·威廉·尼采   译者 _ 周国平

编辑 _ 王寅军   装帧设计 _ 董歆昱   主管 _ 岳爱华
技术编辑 _ 顾逸飞   责任印制 _ 梁拥军   出品人 _ 王誉

营销团队 _ 毛婷 魏洋

果麦
www.goldmye.com

以微小的力量推动文明

图书在版编目（CIP）数据

我的哲学之师叔本华 /（德）弗里德里希·威廉·尼采著；周国平译. -- 昆明：云南人民出版社，2025.5. -- ISBN 978-7-222-23669-1

Ⅰ．B516.47

中国国家版本馆 CIP 数据核字第 2025MC3031 号

责任编辑：李　爽
责任校对：刘　娟
责任印制：李寒东

我的哲学之师叔本华
WO DE ZHEXUE ZHI SHI SHUBENHUA
[德] 弗里德里希·威廉·尼采　著　周国平　译

出　版	云南人民出版社
发　行	云南人民出版社
社　址	昆明市环城西路 609 号
邮　编	650034
网　址	www.ynpph.com.cn
E-mail	ynrms@sina.com
开　本	880mm×1230mm　1/32
印　张	5
字　数	91 千字
版　次	2025 年 5 月第 1 版　2025 年 5 月第 1 次印刷
印　刷	河北鹏润印刷有限公司
书　号	ISBN 978-7-222-23669-1
定　价	39.80 元

版权所有 侵权必究
如发现印装质量问题，影响阅读，请联系 021-64386496 调换。